FIT FÜRS abi

ENGLISCH TRAINING

Schroedel

Fit fürs Abi – Englisch ▶ Training

für Schülerinnen und Schüler zur Vorbereitung auf das Abitur

Prof. Dr. Dieter Goetz
Thomas Kunzler
Kerstin J. Popp
Dorothea Reus

Koordination: Kerstin J. Popp

unter Mitarbeit von Birgit Grasser
und Roland Zimmermann

ISBN 978-3-507-23035-4

Druck [1] / Jahr 2007

Umschlaggestaltung: Janssen Kahlert Design & Kommunikation, Hannover
Gesamtherstellung: imprint, Zusmarshausen
Druck und Bindung: Westermann Druck Zwickau GmbH

Inhalt

VORWORT 5

1_IDIOMATISCHES ENGLISCH UND WORTSCHATZARBEIT 7

1.1 Erste Treffer 7
1.2 Verfeinerung 8
1.3 Wortschatz und Lernerwörterbücher 12

2_GRAMMATIK 14

2.1 Simple present – Present progressive 14
2.2 Simple past – Past progressive 16
2.3 Simple past – Present perfect simple – Present perfect progressive 17
2.4 Simple past – Past perfect simple – Past perfect progressive 18
2.5 Alle Present- und Past-Formen 20
2.6 Sätze, die von der Zukunft handeln 23
2.7 Konditionalsätze 24
2.8 Relativsätze 25
2.9 Indirekte Rede 27
2.10 Passivkonstruktionen 28
2.11 Modale Hilfsverben 29
2.12 Adjektive und Adverbien 31
2.13 Substantive ohne Pluralform 32

3_TEXTAUFGABEN 33

3.1 Literarische Texte 34
3.1.1 Das Drama Shakespeares 34
William Shakespeare, Romeo and Juliet
3.1.2 Das moderne Drama 38
Tenessee Williams, Cat on a Hot Tin Roof; Patrick Marber, Closer
3.1.3 Short Story 43
Mary Dilworth, The Factory
3.1.4 Novel 46
Nick Hornby, About a Boy
3.2 Sachexte 49
3.2.1 Themenbereich *Politics* 49
Dear Clark County Voter; Blair, anti-Americanism is madness
3.2.2 Themenbereich *Media* 53
Escaping the Cyber Slums; The Porn Factor

4_TEXTPRODUKTION 57

4.1 Überlegung zur Gliederung 57
4.1.1 Grundsätzlich mögliche Gliederung 57
4.1.2 Cartoons 58
4.1.3 Bildbeschreibung 58
4.1.4 Kreative Themen 59
4.2 Nützliche Phrasen 59
4.3 Themenbereich *Genmanipulation* – Comment 61

5_DIE ENGLISCH-DEUTSCHE ÜBERSETZUNG 62

6_ABITURAUFGABEN 71

6.1 Grundkurs 71

6.1.1 Literarischer Text 71
Jonathan Safran Foer, Extremely Loud Incredibly Closer

6.1.2 Sachtext 77
Michael Wines, Fill Notebooks, And Then A Few Bellies

6.2 Leistungskurs 82

6.2.1 Literarischer Text 82
Lisa Tuttle, Turning Thirty

6.2.2 Sachtext 89
Taking Liberties

STICHWORTVERZEICHNIS 95

WAS SIE AUF DER CD-ROM FINDEN 96

Vorwort

Sie haben **Fit fürs Abi Englisch ⦿ Trainer** zur Hand genommen, um sich auf Ihr Englisch-Abitur vorzubereiten. Sie sind sich offenbar bewusst, dass dem Selbststudium bei der Vorbereitung eine entscheidende Bedeutung zukommt. Gerade bei einer Fremdsprache ist stetiges Üben der eigenen Fertigkeiten unersetzlich. Niemand außer Ihnen selbst kann Sie so konkret dazu bringen, die eigenen Lücken zu erkennen und zu schließen. Dieses Buch kann Sie dabei in vieler Hinsicht unterstützen – hier können Sie ihre Grundfertigkeiten schulen und konkret die typischen Abitur- bzw. Oberstufenaufgabenstellungen trainieren.

Das erste Kapitel soll Ihnen Möglichkeiten aufzeigen, Ihren **Wortschatz zu erweitern** und Ihre **Ausdruckfähigkeit zu verbessern.** Natürlich ist dafür auf jeden Fall sprachlicher Input wünschenswert. Englische Filme und Serien (am besten mit englischen Untertiteln, da Sie ja in der Regel auch die schriftliche Umsetzung erfassen möchten), Romane, Zeitungen, Zeitschriften etc. – all dies ist dazu geeignet, Ihr Englisch zu verbessern. Wie viel von diesem Input hängen bleibt, hängt davon ab, zu welchem Lernertyp Sie gehören. Manche können neue Ausdrücke oder Wendungen einfach aufschnappen, andere müssen sie aufschreiben, wiederholen und lernen, lernen, lernen ... Wahrscheinlich haben Sie im Unterricht längst Erfahrungen gemacht, welchen Zeitaufwand dafür Sie einkalkulieren müssen. Der Aufwand lohnt sich auf jeden Fall, da bei der Bewertung Ihrer Werke immer das Ausdruckniveau eingeht. Wer sehr einfache Sprache verwendet und zentrale Termini nicht beherrscht, kann auch bei völlig fehlerlosem Englisch niemals die volle Punktzahl erreichen! Versuchen Sie hierbei zweigleisig vorzugehen: Einerseits sollten sie Ihren thematischen Wortschatz (also z. B. die Vokabeln, die für das Thema „Politics" wichtig sind) stetig erweitern und wiederholen. Andererseits müssen Sie allgemeine Wendungen zum Argumentieren und Problematisieren beherrschen. Auch für mündliche Leistungen ist dies sehr wichtig – bei einem Referat sollten Sie beispielsweise sicherstellen, dass Sie diejenigen Ausdrücke, die für Ihren Vortrag zentral sind, richtig anwenden und auch aussprechen können.

Im zweiten Kapitel können Sie die **Grundlagen der englischen Grammatik** wiederholen. Manche werden sich vielleicht fragen wozu, die Grammatik wird doch kaum noch abgefragt? Hier handelt es sich um einen weit verbreiteten Irrtum – die Kenntnis der grammatischen Grundlagen ist essentiell, um gutes Englisch schreiben zu können. Wer Fehler macht, die ein Schüler, eine Schülerin der siebten Jahrgangsstufe nicht machen sollte, muss damit rechnen, dass ihm gravierende Mängel in der Sprachbeherrschung angelastet werden – oder dass die Verständlichkeit seiner Sprache bemängelt wird. Das heißt, es handelt sich hier nicht nur um ein paar vermeidbare Fehler, sondern um bestenfalls ausreichende Sprachbeherrschung. Probieren Sie die Übungen aus – wenn Sie nur wenige Fehler machen, können Sie sich beruhigt den weiteren Aufgaben zuwenden. Im Bedarfsfall bietet Ihnen hierzu und zu allen anderen wichtigen Aspekten der Band **Fit fürs Abi Englisch ⦿ Wissen** Unterstützung.

Das dritte Kapitel bietet **Musteraufgaben zu literarischen Texten und häufig vorkommenden Sachtextthemen.** Hier trainieren Sie Ihr Textverständnis – anhand der Erwartungshorizonte können Sie überprüfen, ob Sie alle inhaltlichen Aspekte, die der Themensteller erwartet hätte, auch erfasst haben. Versuchen Sie auch gelegentlich, Ihre Antworten auszuformulieren, ohne dabei zu sehr auf die Ausdrucksweise des jeweiligen Textes zurückzugreifen. Auch bei *questions on the text* gilt: Je mehr Sie üben, desto leichter fällt Ihnen diese Aufgabenform, wenn es ernst wird. Wir haben darauf verzichtet, ausformulierte Lösungen anzubieten – den Übungseffekt erreichen Sie nicht durch Lesen von fertigen Lösungen, sondern durch eigenes Verfassen von Texten – bitten Sie Ihre Lehrkraft gelegentlich um Korrektur oder Feedback. Das gilt umso mehr für die Aufgabenform *Comment* und *Composition* – wir bieten Ihnen in Kapitel 4 einige wertvolle Tipps, die für Ihre eigene Textproduktion förderlich sein können. Versuchen Sie auch, sich tatsächlich an die angegebene Wörterzahl zu halten – letztendlich spart es Ihnen wertvolle Prüfungszeit, wenn Sie Ihre Argumente knapp und präzise zu Papier bringen können.

In manchen Bundesländern ist die **Übersetzung vom Englischen ins Deutsche** Teil der Abiturprüfung, in anderen tritt Sie zumindest in den Klausuren der Oberstufe auf. In jedem Fall üben Sie mit Übersetzungen ihr Textverständnis und Ihre Ausdruckfähigkeit, insofern lohnen sich diese Übungen im fünften Kapitel auch dann, wenn es nicht die eigentliche Prüfungsform ist, die Sie trainieren wollen. Durch die kommentierten Lösungen wird zudem Ihr Bewusstsein für Nuancen und kontrastive Schwierigkeiten geschärft, was Ihnen sowohl für die Textproduktion als auch für die Textanalyse nützlich ist.

Schließlich biete Ihnen dieser Trainerband noch einige **aktuelle Abituraufgaben aus Grund- und Leistungskurs** mit Erwartungshorizonten. Sie können diese schlicht als Aufgabensammlungen bearbeiten. Es ist aber auf jeden Fall sinnvoll, auch die eigentliche Prüfungssituation zu trainieren, vor allem um die Zeiteinteilung einzuüben. Überlegen Sie sich, wie viel Zeit Sie für die einzelnen Aufgabenteile haben und planen Sie auch einige Denkpausen mit ein – die Abiturprüfung ist aufgrund ihrer Länge sehr anstrengend!

Neben weiteren Hinweisen zur Wortschatzarbeit und zur effektiven Textverwertung finden Sie auf der CD-ROM außerdem wichtige Stilmittel des Englischen mit Definitionen und Beispielsätzen. Stilmittelfragen in den literarischen Textaufgaben sind bei vielen Schülern gefürchtet – eigentlich zu Unrecht. Unsere Übersicht, die Sie auch spielerische einsetzen können, soll Ihnen beim Erkennen und Zuordnen von Stilmitteln behilflich sein. Wenn Sie die sprachlichen Mittel erst sicher zuordnen können, ist die oft geforderte Beschreibung des Effektes eigentlich eine Kleinigkeit.
Weiterhin haben wir auf der CD-ROM noch zusätzliche Textaufgaben und Abituraufgaben zu literarischen Texten und weiteren Sachtextthemen zusammengestellt. Am besten drucken Sie sich diese Musterklausuren aus und führen Probeprüfungen durch – bearbeiten Sie die komplette Klausur auf Zeit und sehen Sie sich erst dann die Erwartungshorizonte an.

Je mehr Sie üben, desto sicherer werden Sie sich fühlen, weil Sie besser vorbereitet sind – dieser psychologische Aspekt spielt eine nicht zu unterschätzende Rolle in der Prüfungssituation.

Viel Erfolg!

1_Idiomatisches Englisch und Wortschatzarbeit

ZU DIESEM KAPITEL

Die folgenden Übungen und Hinweise beziehen sich auf den Erwerb eines idiomatischen Englisch und auf Wortschatzarbeit (siehe auch Kapitel 1 und 2 des Bandes Fit fürs Abi Englisch ⦿ Wissen). Sie sollen Ihnen helfen, aktiven „Spracherwerb" zu betreiben – unter Zuhilfenahme des Internet. „Idiomatisch" soll hier bedeuten: Die Art von Sprache, welche, entsprechend den Umständen, als unauffällig und üblich gilt. Es soll gezeigt werden, wie man so vom Lesen englischer Texte zum Schreiben englischer Texte gelangt.

Zu den Abitur-Themenschwerpunkten gehört, für das Jahr 2008 beispielsweise in Nordrhein-Westfalen, auch *sustainable development* („nachhaltige Entwicklung", als Teil der Globalisierung), voraussichtlich ein Dauerbrenner. Machen wir uns also auf den Weg.

1.1 Erste Treffer

Eine Internetrecherche nach *sustainable development*, eingeschränkt auf Seiten aus Deutschland, ist recht ergiebig. Schon bei den ersten Treffern stößt man auf eine enzyklopädische Darstellung (www.umweltdatenbank.de), ein handliches Umwelt-Lexikon, für die sachlich-fachliche Information. Ferner auf die *European Data Bank Sustainable Development* (www.sd-eudb.net), die zweisprachig ist (das findet man leichter auf den deutschen Seiten der meisten Suchmaschinen als auf den englischen), und dort unter anderem die Texte **M1**, **M2**, **M3**, **M4** (in diesem Kapitel) und **M6** sowie **M7** (auf der CD-ROM).

M1 The challenge ...

At the beginning of a new millennium the model *Sustainable Development* is an attempt to find solutions to the great challenges of our time, especially to the question of reorganising the relations between society and nature, north and south, present and future generations. However, a major breakthrough, a wide-ranging change in economy and in life-style still remains very much at large. It is therefore of prime importance to concentrate responsible forces in society. An important step in this direction is to set up an internet data base listing institutions and scientists in Europe concerned with the idea of sustainable development and its implementation as well as providing information on their performance profile and their specific working fields

www.sd-eudb.net

Nun eine Fassung, in der die mutmaßlichen Formulierungsprobleme eines Abiturienten (und daher die möglichen Lerneinheiten) hervorgehoben sind.

At the beginning of a new millennium the model *Sustainable Development* is an attempt to find solutions to the great challenges of our time, especially to the question of reorganising the relations between society and nature, north and south, present and future generations. However, a major breakthrough, a wide-ranging change in economy and in life-style still remains very much at large. It is therefore of prime importance to concentrate responsible forces in society. An important step in this direction is to set up an internet data base listing institutions and scientists in Europe concerned with the idea of sustainable development and its implementation as well as providing information on their performance profile and their specific working fields.

Sie haben sicher bereits ein größeres Heft oder Ringheft (kein kleines Vokabelheft im Oktavformat), in das sie alles notieren, was Ihnen lernenswert vorkommt. Oder eine Kartei, in der traditionellen Art oder im Computer. Falls nicht, richten Sie sich nun eine solche Dokumentation ein – und gehen Sie sie kurz jeden Tag durch.
Also ab mit den hervorgehobenen Einheiten ins Lernheft und abends wiederholen. Übersetzungen sind nicht immer erforderlich, kurze Hinweise genügen.

- At the beginning of a new millennium – Am Anfang, neues Jahrtausend
- an attempt to find solutions to the great challenges of our time – Versuch Lösungen zu finden, für die großen Herausforderungen unserer Zeit
- the question of reorganising the relations between society and nature – das Problem, wie
- future generations
- a major breakthrough
- remains very much at large – lange noch nicht erreicht

Aufgabe

Mit dem Gleichsetzen eines englischen Ausdrucks und seiner deutschen Übersetzung sollten Sie vorsichtig sein. Sie sollten nicht lernen „*a major breakthrough* heißt *ein größerer Durchbruch*". Vielmehr sollten Sie lernen, dass *major breakthrough* eine Möglichkeit ist, wenn man von ‚größerer Durchbruch"' oder ‚wichtige Neuerung' oder ‚durchgreifende Änderung' oder ‚entscheidender Schritt' reden will. Und natürlich kann man *remains very much at large* auch verwenden, um zu sagen: es ist noch viel zu tun, ein Anfang wurde gemacht, viel Arbeit liegt vor uns usw.

In diesem Sinne – suchen Sie einige andere Formulierungen für jeweils ***future generation, an attempt to find solutions, it is of prime importance.***

1.2 Verfeinerung

Wir wollen bei der ersten Suche sicher sein, dass wir relativ aktuelle Ergebnisse erhalten und suchen daher, in den Seiten aus Deutschland, nach „sustainable development" „2006" (vgl. auch die anderen Möglichkeiten der zeitlichen Suche, erweiterte Einstellungen). Diese Suche liefert, ebenfalls auf der ersten Seite, zwei Organisationen, die vertrauenswürdig sein könnten: *Sustainable Development International* (www.sustdev.org) und *German Council for Sustainable Development* (www.nachhaltigkeitsrat.de). Blättern Sie dort ein wenig, um zu erfahren, welche Organisationen es gibt, womit sich Tagungen, Tagungsbeiträge beschäftigen.

„Sustainable development 2006" im Netz bringt ca. 39 Mio. Treffer. Da wir im Augenblick noch etwas blind herumtappen, suchen wir per Suchbefehl solche Adressen, die wir vielleicht auch sonst gerne benutzen, geben z. B. www.sueddeutsche.de ein, zielen also auf die *Süddeutsche Zeitung* (oder, je nach Gusto, auf *FAZ* oder *Spiegel* usw.): 220 Treffer, davon viele mehrfach. Das gibt einigen Stoff, und das herausragende Ereignis der letzten Jahre war offensichtlich der UN-Gipfel für nachhaltige Entwicklung – *United Nations' World Summit on Sustainable Development*. Eine gut verwertbare Sammlung ergibt sich, wenn „sustainable development" als Suche mit www.economist.com oder bbc.co.uk kombiniert (bei letzterer Adresse gelangt man über Interviews auch an die gesprochene Sprache). Aus der Suche in *The Economist* stammt der folgende Text, den wir unter dem Gesichtspunkt „Wortschatzarbeit" etwas näher betrachten und als Übungsgelände verwenden.

M 2 The bubble-and-squeak summit

So what was achieved by ten days of talking?

SOME Britons are fond of a dish made by mashing and heating the remnants of previous meals. The mysterious repast known as bubble-and-squeak is not haute cuisine, but it is good in parts. Much the same might be said of the United Nations' World Summit on Sustainable Development that closed this week. Almost everything on the menu at Johannesburg had been served up before, at one conference or another.

Thus, development targets were rehashed from a turn-of-the-millennium meeting in New York. "New" aid packages from rich countries proved to be warmed-up pledges first made at a finance-for-development bash held in Monterrey, Mexico, this year. On the side, talks on market access and farm subsidies reconfirmed promises on freeing trade that were made at talks in Doha, Qatar, last year. The main green "successes" were unilateral declarations of support for a protocol on greenhouse gases that was drawn up in Kyoto in 1997.

From: "The Economist" print edition, Sep 5th 2002

Aufgabe

Suchen Sie nun die chunks, also die „gängigen Teile", für die Sie keine deutsche Entsprechung sicher wissen. Ab damit ins Lernheft.

Lösungsvorschlag:

What was achieved by, fond of a dish, a dish made by, remnants of previous meals, but it is good in parts, much the same might be said of, the United Nations' World Summit on Sustainable Development, closed this week, everything on the menu, at one conference or another, development targets, rehashed from, a turn-of-the-millennium meeting, aid packages, proved to be, warmed-up pledges, finance-for-development, on the side, market access and farm subsidies, reconfirmed promises on, freeing trade, unilateral declarations of, support for, a protocol on, greenhouse gases.

Achten Sie darauf, dass die notierten Stücke, wenn möglich, eine Weiterführung enthalten, also z. B. *protocol on*, und nicht nur *protocol*.

Der Vergleich einer Konferenz mit einem Reste-Essen verlangt folgendes Material:

fond of, dish made by, mashing and heating, meals, repast, bubble-and squeak, haute cuisine, served up, rehashed, menu, warmed-up, on the side.

Zweck dieses Vergleiches ist natürlich, den Leser zu interessieren (vgl. die zunächst rätselhafte Überschrift) und ihn/sie zu halten, indem man ein wenig amüsiert. Nun kann man sehr vieles von dem, was in der Welt passiert, als Aufgewärmtes bezeichnen oder, sollte das nicht zutreffen, damit kontrastieren oder als Essen überhaupt, möglicherweise erweitert um die Vorspeise (*starters*) und die Nachspeise (*sweets*). Mit anderen Worten, wir haben hier eine Einleitung vor uns, in Teilen schon formuliert, die man wahrscheinlich irgendwann verwenden kann. Sie könnten ein Referat über das Buch XY des Autors Z so beginnen:

"In Great Britain many people are fond of a dish made by mashing and heating the remnants of previous meals. The mysterious repast is known as bubble-and-squeak.It is not ***haute cuisine***, but it is good in parts. Much the same might be said of Z's new book XY that appeared last month. Almost everything in there has been served up before, in one or the other of the author's recent contributions."

Oder Sie stellen *bubble-and-squeak* kurz vor und behaupten dann das Gegenteil, dass Z's Buch *haute cuisine* sei. Legen Sie einen kleinen Vorrat an verwendbaren Einleitungen an. Und denken Sie daran: so können Sie sicher (!) sein, ohne Fehler zu schreiben.

Wenn Sie in der Prüfung einen Text bearbeiten, dann sollten Sie diesen natürlich nicht als Steinbruch ansehen, dessen Blöcke Sie hin- und herschieben – man könnte Ihnen entgegenhalten, sie schrieben nur immer Stücke des Textes ab. Aber wenn irgendwo von einem „Meilenstein" (*a milestone*) die Rede ist, hindert Sie natürlich nichts daran, von einem *major breakthrough* zu sprechen. Lesen Sie nun weiter.

M3

The UN man in charge of the summit, Nitin Desai, says all this was to the good. The official meeting of 21,000 delegates was not supposed to raise big new issues, but rather to consider well-known problems and find practical ways to solve them. Delegates, presidents and spin-doctors queued up to say the meeting was about "actions not words", "starting a new era of implementation" and "creating partnerships". The Rio environment summit ten years ago produced a well-received final declaration, but little of substance followed. Clare Short, Britain's development minister, says the reverse is true, on both counts, of this year's talks.

Aufgabe

Lesen Sie Text **M3** *noch einmal. Wie könnten die folgenden deutschen Formulierungen im Englischen wiedergegeben werden?*
Der Verantwortliche für den Gipfel; große neue Fragen aufwerfen; praktizierbare Möglichkeiten zur Lösung von Problemen; Taten, nicht nur Worte; mit einen Abschnitt der Umsetzung der Ziele beginnen; eine allgemein gut aufgenommene Schlusserklärung; aber nur wenig an Substanz; das Gegenteil ist wahr.

Lösungsvorschlag:

the man in charge of the summit; raise big new issues; find practical ways of solving problems; actions not words; starting a new era of implementation; a well-received final declaration; with little of substance; the reverse is true.)
Haben Sie *spin doctors* nachgeschlagen? Welche deutsche Formulierung entspricht *was not supposed to?* Fahren Sie fort mit:

M4 **Squeak less, bubble more**

Although Ms Short and other government delegates were unimpressed by the final Johannesburg text and its separate political declaration, they point to a few specific commitments and a useful emphasis on fighting poverty rather than on conservation. Most striking was a promise to cut by half the number of people with inadequate water and sanitation, and to try to do so by 2015. The evidence from unglamorous sewerage and hygiene projects is that helping an extra billion people in this way will do much to reduce diarrhoea, cholera and other water-borne diseases that strike the poor disproportionately.

The UN Development Programme (UNDP) is charged with monitoring progress towards this target and towards other, restated, Millennium Development Goals – to halve the number of people living in absolute poverty, to cut illiteracy and to cut child mortality, also by 2015. It will do so mostly by collecting new and reliable statistics and by presenting annual country-by-country reviews. With proper figures and accepted priorities for aid spending, governments should be better able to fight poverty. Money would help too: America, Britain and France each said that aid would be channelled towards poor-country sanitation projects.

Although Africa is likely to benefit from anti-poverty measures, some of its leaders did little to help themselves during the ten days of talks. The leaders of Zimbabwe and Namibia took turns haranguing western leaders, especially Britain's Tony Blair, for meddling in the continent, even though southern Africa, much of which is in the grip of famine, depends on foreign help to feed around 14m people. Levy Mwanawasa, Zambia's president, said again that his government would refuse "poison" as food aid, and will therefore turn away genetically modified (GM) grain, despite reassurances from Europe, America and the World Food Programme that there are no health risks involved. Yet the WFP has enough GM grain stocks to feed for two months the 2½m Zambians who are suffering from famine. Its non-GM stocks will last only two more weeks, and will be hard to replenish.

On environmental matters, the summiteers agreed to do more to conserve and restore fish stocks, in part by promising to guard ocean areas already designated as protected – with 2015 chosen, once again, as the date for achieving success. Leaders from China and Estonia used their five minutes in the plenary session to announce ratification of the Kyoto protocol. This sets out rules for how much rich countries should cut emissions of greenhouse gases, such as carbon dioxide, that are thought to add to global warming. The prime ministers of both Russia and Canada promised to ratify soon. When they have done so, the protocol will have enough support to come into force, despite America's refusal to agree to it.

Nehmen Sie bitte zur Kenntnis, dass der jeweils erste Satz (*topic sentence*) der einzelnen Absätze die Funktion hat, grob den Inhalt des Absatzes anzugeben.
Es ist unschwer festzustellen, dass wir es bei *sustainable development* mit einem komplexen Gebiet zu tun haben. Daher könnte es sinnvoll sein, im Notizheft einige thematisch gebundene Seiten anzulegen, z.B. Finanzen, Gesundheit, Ernährung, Treibhauseffekt usw. Das Gebiet „Gesundheit (und Armut)" könnte man mit den vier Abschnitten aus Text **M 4** immerhin schon bestücken mit:
Fighting poverty, people with inadequate water and sanitation, sewage and hygiene projects, reduce diarrhoea, cholera, waterborne diseases, strike the poor disproportionately, halve the number of people living in poverty, cut child mortality, able to fight poverty, poor-country sanitation projects, anti-poverty measures, in the grip of famine, genetically modified grain, grain stocks, suffering from famine, restore fish stocks.

Eine gewisse Ordnung kann nicht schaden – Sie legen ja damit ein persönliches Wörterbuch an, das den Gang der Recherchen widerspiegelt und dann auch konsultiert werden kann (wenn man weiß, wo was steht).

Aufgabe

Übersetzen Sie nun, aus dem Stand und ohne nachzuschauen, den folgenden deutschen Text. Es ist dies wiederum die Übersetzung des letzten Absatzes von oben **(On environment matters ...)**. *Nicht schummeln! Bei der folgenden Übersetzung sollen Sie aber nicht das Übersetzen lernen, sondern Sie sollten lernen: Wenn Sie für eine deutsche Wendung nicht exakt das englische Pendant finden, dann suchen Sie ein wenig in Ihrem Fundus, bis Sie auf etwas ziemlich Ähnliches stoßen.*

M5

Was nun Umweltangelegenheiten angeht, so einigten sich die Teilnehmer des Gipfels darauf, mehr für die Erhaltung und Erholung der Fischbestände zu tun. Dazu gehört das Versprechen, diejenigen Meeresgebiete zu überwachen, die bereits als geschützt ausgewiesen sind, als Fristende für den erfolgreichen Abschluss wurde, wieder einmal, 2015 bestimmt. Die Staatschefs von China und Estland nützten ihren fünfminütigen Auftritt vor der Vollversammlung um mitzuteilen, dass sie das Kyoto-Protokoll ratifiziert hätten. Dieses Protokoll regelt, für die reichen Länder, die Höhe der Emissionen an Treibhausgasen (wie etwa Kohlendioxid), von denen man annimmt, dass sie zur Erderwärmung beitragen. Der russische Ministerpräsident und Kanadas Premier versprachen eine baldige Ratifikation. Damit wird das Protokoll von ausreichend vielen Staaten ratifiziert sein, und trotz der Weigerung der Vereinigten Staaten in Kraft treten.

Markieren Sie nun diese Übersetzung dahingehend, dass Sie die Abweichungen Ihrer Übersetzung von dem ursprünglichen Text kennzeichnen. Es wird sich eine zunächst einfache Sachlage ergeben: Dort, wo die beiden englischen Texte gleich sind, haben Sie eine richtige Übersetzung erreicht. Wo das nicht erreicht wurde, kann (muss nicht) ein Fehler vorliegen. Diese Verifikation allerdings liegt nun bei Ihnen – und Sie können Sie leisten, wenn Sie vernünftigen Gebrauch von den einsprachigen Wörterbüchern machen.

1.3 Wortschatz und Lernerwörterbücher

Die gängigen Lernerwörterbücher (*Oxford Advanced Learner's Dictionary, Longman Dictionary of Contemporary English, Collins COBUILD Dictionary of the English Language*, jeweils in der neuesten Auflage) sind von sehr hoher Qualität und Ausführlichkeit. Die dort erhältliche Information, insbesondere dann, wenn man die CD-ROMs hinzuzieht, ist so beschaffen, dass man fast alle Wortschatzprobleme lösen kann.

Gehen Sie nun von Ihren Abweichungen, also von den Stellen, wo sich Ihre Übersetzung von **M5** vom englischen Original (**M4**, 4. Absatz) unterscheidet, aus und schlagen Sie die Abweichungen und auch die Originalformulierungen nach. Hier einige Hinweise:

- *Date:* nach Auskunft der Wörterbücher ist *date* ein Wort, das Zeiträume und Zeitpunkte bezeichnen kann. Im Deutschen ist „23.4.2015" ein *Datum*, im Englischen ein *date* – „2015" aber kein *Datum*, wohl aber ein *date*.
- *Chosen*: *the date chosen* ist eine gängige Kollokation. *Choose* bedeutet übrigens nicht ‚wählen', sondern ‚aussuchen, sich entscheiden für, bestimmen'.
- *Charged with* (am Anfang des vorhergehenden Absatzes): wenn das folgende Nomen *responsibility* ist oder ‚Verantwortlichkeit' impliziert, ist die Bedeutung ‚verantwortlich gemacht werden

für' (meist im Passiv, wie auch hier). Achten Sie darauf, dass manche Wörter bevorzugt zusammen mit bestimmten grammatischen Kategorien auftreten, vgl. auch *argue*: *It is argued that ...*

- *Beschlossen*: ein Verb, das für uns normalerweise *decide* assoziiert. In der Konstruktion mit *to* und Infinitiv bedeutet es laut OALD *,to think carefully about the different possibilities that are available and choose one of them'*, kann also hier kaum möglich sein. *Agree* (in der Konstruktion mit *to*, nicht mit *with ... on...*) ist *,to say 'yes'; to say that you will do what sb wants or that you will allow sth to happen'*.

Schlagen Sie nun die Verben *ask* und *tell* nach und versuchen Sie festzustellen, wie sich die verschiedenen Bedeutungen (,bitten, fragen, wollen/verlangen, einladen' bzw. ,sagen, erzählen, zählen, befehlen') auf verschiedene Konstruktionen verteilen. Tun Sie das jetzt.

Wenn Sie es getan haben, werden Sie erkennen, dass Sie just dort, wo Sie sich sicher geglaubt haben, jeweils eine Reihe von Bedeutungen haben und entscheiden müssen. Aber es verhält sich nicht so, dass diese Wörter „mal dies, mal jenes" bedeuten: *They asked me to leave* bedeutet, dass von mir verlangt wurde, dass..., keinesfalls, dass ich gefragt wurde, ob ... oder gar gebeten wurde. Bedenken Sie: allein die 3000 häufigsten Wörter brauchen schon die Hälfte des Wörterbuches auf. Bei den meisten Lernenden ist hier ein hohes Defizit zu konstatieren. Das darf man über „aufwendigerem" Vokabular wie *summiteer* oder *fish stock* oder *sanitation project* nicht vergessen. Fallen Ihnen spontan drei oder vier Bedeutungen des Verbs *carry* ein? Um ein Gefühl für solche Lücken zu entwickeln, könnten Sie einen Absatz des Textes in Magazin-Deutsch zu übersetzen versuchen, diese Übersetzung ein paar Tage ruhen lassen, und dann wieder ins Englische rückübersetzen.

Die Lernerwörterbücher sind auch die einzige Quelle, aus der man so einigermaßen den stilistischen Wert, die „Register-Zugehörigkeit" eines Wortes erfahren kann. Dass *repast* wohl ,Mahlzeit' bedeutet, kann man erraten – es ist aber mehr: *(old-fashioned or formal) a meal*, also eher ein ,Menu'. *Rehash* ist *(disapproving) to arrange ideas, pieces of writing or pieces of film into a new form but without any great change or improvement:* mithin ein Aufguss (ein Wort, in dem ebenfalls Kritik steckt). Im Text sind von dieser Art enthalten:
repast, warmed-up, bash, spin doctor, queue up, haranguing, mushy, rattle off, gabfest, jamboree. spew at

Das *gabfest* wäre wohl als „Tratschrunde" oder „Kränzchen" zu übersetzen, das *jamboree* als „Powwow". Man mag der Ansicht sein, dass es sich hierbei um Kleinigkeiten handele. Jedoch, zum einen ist dieses Nebeneinander von Stilebenen und das Vergleichen typisch für den anglophonen Magazin-Journalismus. Zum andern gibt der Autor damit natürlich auch seine Meinung und seine Wertvorstellungen zu erkennen. Und wenn man nicht merkt, dass der Autor eine internationale Konferenz als „Kränzchen" bezeichnet oder solche Ansichten zitiert, steht man im Regen. Erkennen Sie das Registerspiel, wenn von einem Lebewesen die Rede ist, einem *arthropod* mit *exoskeleton*, der *gunk* produziert? Falls nicht, nachschlagen.

Arbeiten Sie sich auch allmählich in die Sonderfunktionen der CD-ROMs ein (*Wordfinder, Activator, Exercises, Writing assistant*): nicht umsonst wurde schon gesagt, dass Fehler eigentlich nicht mehr nötig sind (siehe unten).

Auf der diesem Buch beiliegenden CD-ROM finden Sie weiteres Material und Übungen zu den Themen dieses Kapitels.

2__Grammatik

VORBEMERKUNG

Für die Beherrschung einer Fremdsprache ist die Kenntnis ihrer Grammatikregeln von elementarer Bedeutung. Wenn Sie Englisch sprechen oder schreiben, müssen Sie zum Beispiel ständig passende Verbformen wählen, da jeder vollständige Satz mindestens ein Verb enthält. Wer dabei die Regeln des Deutschen auf das Englische anwendet, wählt sehr häufig eine falsche Form. Beispielsweise ist das *present perfect* in vielen Kontexten nicht korrekt, in denen im Deutschen das Perfekt stehen würde.
Grammatikfehler allein können bei Aufgaben wie dem *summary*, der *composition* oder Fragen zum Text und auch bei mündlichen Leistungserhebungen bereits einen Notenschritt ausmachen. Die Beherrschung der Grammatik ist eine Grundvoraussetzung, die Ihnen die Bewältigung vieler Aufgaben erst ermöglicht.
Mithilfe der Übungen in diesem Kapitel können Sie Ihre Kenntnis der wichtigsten Grammatikregeln des Englischen überprüfen. Wenn Sie bei einer Aufgabe unsicher sind oder feststellen, dass Sie viele Fehler machen, sollten Sie ein Grammatikbuch zur Hand nehmen, um sich die entsprechenden Regeln anzueignen, und deren Anwendung dann mithilfe eines ausführlichen Übungsbuchs einüben. Falls Sie keine solchen Bücher besitzen, lassen Sie sich von Ihrer Kursleiterin bzw. Ihrem Kursleiter geeignete Titel empfehlen.

2.1 Simple present – Present progressive

Aufgabe 1

Verwenden Sie die Verben in der angemessenen Verbform.

a) Mr Pitt usually .... (stay) at the Hilton when he .... (visit) London, but this time he .... (stay) at the Ritz.
b) Oh, look! Angelina .... (wear) a red shirt with white stripes. I .... (believe) Jennifer .... (have) one just like it.
c) I .... (think) that penguin .... (want) some fish.
d) The sun .... (rise) in the east.
e) Stop it, John, you .... (be) an idiot! You .... (not + be) normally so silly.
f) Because of her cold, Angelina .... (not + work) this week.
g) The population of many countries .... (decrease).
h) I .... (want) to be famous, which is why I .... (think) about becoming a rock star.

Aufgabe 2

Übersetzen Sie die folgenden Sätze ins Englische.

a) Mary J. geht zweimal pro Woche ins Kino.
b) Dieser Apfel schmeckt nicht besonders gut.
c) Immer, wenn er in Toronto ist, besucht er uns.
d) Könntest du mal herkommen, bitte? Ich brauche deine Hilfe.
e) Die Polizei kommt!
f) Siehst du den Mann da drüben?
g) Heute Abend bin ich mit Sara verabredet.

h) Ich denke darüber nach, Jongleur zu werden.
i) Ruf mich bitte nachher an – wir frühstücken gerade mit Scarlett.
j) Ich besitze vier Häuser in Frankreich.
k) Meine Frau probiert gerade den Wein.

Lösungen zu Aufgabe 1

a) Mr Pitt usually **stays** at the Hilton when he **visits** London, but this time he **is staying** at the Ritz.
b) Oh, look! Angelina **is wearing** a red shirt with white stripes. I **believe** Jennifer **has** one just like it.
Anm.: *Present simple* trotz Geschehen/Zustand in der Gegenwart, weil *believe* ein statives Verb ist; *have* ist ebenfalls stativ, wenn es „besitzen" bedeutet.
c) I **think** that penguin **wants** some fish.
Anm.: *Simple present* trotz Geschehen/Zustand in der Gegenwart, weil *think* ein statives Verb ist, wenn es „glauben" bedeutet; *want* ist ebenfalls stativ.
d) The sun **rises** in the east.
e) Stop it John, you're **being** an idiot! You **aren't** normally so silly.
Anm.: *Be* ist kein statives Verb, wenn es „sich benehmen (wie)" bedeutet, und kann dann ggf. im *present progressive* stehen.
f) Because of her cold, Angelina **isn't working** this week.
g) The population of many countries **is decreasing**.
h) I **want** to be famous, which is why I **am thinking** about becoming a rock star.
Anm.: *Simple Present* trotz Geschehen/Zustand in der Gegenwart, weil *want* ein statives Verb ist.

Lösungen zu Aufgabe 2

a) Mary J. goes to the cinema twice a week.
b) This apple doesn't taste very good.
Anm.: *Present simple* trotz Geschehen/Zustand in der Gegenwart, weil *taste* ein statives Verb ist, wenn es „schmecken" bedeutet.
c) He comes to visit us whenever he's in Toronto.
d) Could you come here, please. I need your help.
Anm.: *Simple present* trotz Geschehen/Zustand in der Gegenwart, weil *need* ein statives Verb ist.
e) The police are coming!/The police is coming!
f) Do you see that man over there?
Anm.: *Simple present* trotz Geschehen/Zustand in der Gegenwart, weil *see* ein statives Verb ist, wenn es „sehen" bedeutet.
g) I'm seeing Sara tonight.
Anm.: *See* bedeutet hier „sich treffen mit".
h) I'm thinking about becoming a juggler.
i) Please call me later – we're having breakfast with Scarlett.
j) I own four houses in France.
Anm.: *Present simple* trotz Geschehen/Zustand in der Gegenwart, weil *own* ein statives Verb ist.
k) My wife is tasting the wine.
Anm.: *Taste* bedeutet hier „probieren" oder „kosten" und ist hier kein statives Verb.

2.2 Simple past – Past progressive

Aufgabe 1

Verwenden Sie die Verben in der angemessenen Verbform.

a) When I .... (enter) the pub, some people .... (play) darts and others .... (watch) the football match on TV.
b) At midnight, Tony .... (listen) to music and Cherie .... (knit) socks, so they .... (not + hear) Kathryn steal out of the house.
c) Hillary .... (dream) about Arnold when Bill .... (wake) her up.
d) When Joshua .... (come) home yesterday, his wife .... (pack) her bags.
e) How fast .... (the train + go) when you .... (throw) the banana peel out of the window?
f) I .... (stand) at the very front when Robbie .... (come) on stage. I .... (call) his name, but he .... (not + look) my way.

Aufgabe 2

Übersetzen Sie die folgenden Sätze ins Englische.

a) Als Bart aus dem Zug stieg, warteten die Zollbeamten bereits auf ihn.
b) Im Sommer 2003, der sehr heiß war, studierte Lisa noch Geografie.
c) Als Homer zur Arbeit ging, meditierte Marge gerade.
d) Als Homer nach Hause kam, fragte ihn Marge, was er essen wolle.

Lösungen zu Aufgabe 1

a) When I **entered** the pub, some people **were playing** darts and others **were watching** the football game on TV.
b) At midnight, Tony **was listening** to music and Cherie **was knitting** socks, so they **didn't hear** Kathryn steal out of the house.
c) Hillary **was dreaming** about Arnold when Bill **woke** her up.
d) When Joshua **came** home yesterday, his wife **was packing/packed** her bags.
Anm.: Der Satz bedeutet mit *was packing:* „... packte seine Frau gerade ihre Sachen" und mit *packed*: „... fing seine Frau an, ihre Sachen zu packen."
e) How fast **was the train going** when you **threw** the banana peel out of the window?
f) I **was standing** at the very front when Robbie **came** on stage. I **called** his name, but he **didn't look** my way.
Anm.: *He didn't look my way* ist hier die Reaktion, die auf das Rufen nicht erfolgt. *He wasn't looking* wäre: „Während ich nach ihm rief, schaute er nicht zu mir!"

Lösungen zu Aufgabe 2

a) When Bart got off the train, the customs officers were already waiting for him.
b) In the summer of 2003, which was very hot, Lisa was still studying geography.
c) When Homer went to work, Marge was meditating.
d) When Homer came home, Marge asked him what he wanted to eat.

2.3 Simple past – Present perfect simple – Present perfect progressive

Aufgabe 1

Verwenden Sie die Verben in der angemessenen Verbform.

a) Ethan doesn't want to have dinner with us. He .... (already + eat).
b) Ethan doesn't want to have dinner with us. He .... (already + have) something to eat an hour ago.
c) [Said at 11 am] .... (you + see) Uma this morning?
d) [Said at 9 pm] .... (you + see) Uma this morning?
e) Henry, ... (you + do) your homework yet?
f) There you are! I .... (look) for you all morning.
g) Jay .... (buy) a Ferrari, but he .... (sell) it again when he .... (realise) it was too expensive to keep.
h) Penelope .... (study) Japanese for three years now.
i) She .... (be) a student since 2004.
j) So far, I .... (read) only two chapters of the book you gave me.
k) I know London quite well. I .... (live) there for three years when I studied the tuba at the Royal College of Music.
l) I think Seamus is going to win the pie-eating contest. He .... (already + eat) 21 pies.

Aufgabe 2

Übersetzen Sie die folgenden Sätze ins Englische.

a) Keira wurde 1985 geboren.
b) Wie lange ist Frankreich schon eine Republik?
c) Ich bin seit vorgestern hier.
d) Ich bin seit zwei Tagen hier.
e) Johnny hat schon lange keinen Piraten mehr gespielt.
f) 1998 lernte Johnny Vanessa kennen.
g) Letzte Woche hat er Lenny im Supermarkt getroffen.
h) Kate ist gestern Morgen in Ohnmacht gefallen.
i) Pete hat sich noch nicht entschuldigt.
j) Susan lernt schon seit zwei Stunden Vokabeln.
k) Gwen und Gavin sind seit September verheiratet.

Lösungen zu Aufgabe 1

a) Ethan doesn't want to have dinner with us. He **has already eaten.**
b) Ethan doesn't want to have dinner with us. He **already had** something to eat an hour ago.
Anm.: Trotz Auswirkung auf die Gegenwart *past simple* statt *present perfect*, weil bei Nennung eines Zeitpunkts in der Vergangenheit (hier *an hour ago*) *present perfect* nicht möglich ist (es sei denn, der Zeitpunkt beschreibt den Anfangspunkt eines Zeitraums, der sich bis in die Gegenwart erstreckt).
c) [Said at 11 am] **Have you seen** Uma this morning?
d) [Said at 9 pm] **Did you see** Uma this morning?
e) Henry, **have you done** your homework yet?
f) There you are! I **have been looking** for you all morning.

g) Jay **bought** a Ferrari, but he **sold** it again when he **realised** it was too expensive to keep.
h) Penelope **has been studying** Japanese for three years now.
i) She **has been** a student since 2004.
j) So far, I **have read** only two chapters of the book you gave me.
k) I know London quite well. I **lived** there for three years when I studied the tuba at the Royal College of Music.
l) I think Seamus is going to win the pie-eating contest. He **has already eaten** 21 pies.

2

Lösungen zu Aufgabe 2

a) Keira was born in 1985.
Anm.: Bei Nennung eines Zeitpunkts in der Vergangenheit (hier *1985*) ist *present perfect* nicht möglich (es sei denn, der Zeitpunkt beschreibt den Anfangspunkt eines Zeitraums, der sich bis in die Gegenwart erstreckt).
b) How long has France been a republic?
c) I've been here since the day before yesterday.
d) I've been here for two days.
Anm.: *For* statt *since*, weil nicht der Anfangspunkt des Zeitraums (*the day before yesterday*), sondern der Zeitraum selbst genannt wird.
e) Johnny hasn't played a pirate in a long time
Anm.: Auch bei Hervorhebung der Dauer bis in die Gegenwart steht ein Satz im *present perfect simple* (statt *progressive*), wenn er ausdrückt, dass etwas innerhalb des beschriebenen Zeitraums *nicht* stattgefunden hat.
f) Johnny met Vanessa in 1998.
Anm.: Bei Nennung eines Zeitpunkts in der Vergangenheit (hier *1998*) ist *present perfect* nicht möglich (es sei denn, der Zeitpunkt beschreibt den Anfangspunkt eines Zeitraums, der sich bis in die Gegenwart erstreckt).
g) Last week he met Lenny at the supermarket.
h) Kate fainted yesterday morning.
i) Pete hasn't apologised yet.
j) Susan has been studying vocabulary for two hours.
k) Gwen and Gavin have been married since September.

2.4 Simple past – Past perfect simple – Past perfect progressive

Aufgabe 1

Verwenden Sie die Verben in der angemessenen Verbform.

a) Yesterday, Michael .... (go) to the cinema to watch *Pirates of the Caribbean* because he .... (hear) so many good things about it.
b) Until that day last summer I .... (never + see) such a beautiful girl. I .... (fall) in love with her right there and then.
c) When I arrived at the Royal Albert Hall, Jane .... (not + be) there any more. She .... (go) home.
d) Walter .... (play) baseball for three hours when his mum .... (call) him in for supper.
e) We .... (not + be) surprised when Gwen and Gavin .... (get) married in 2002. After all, they .... (date) for years.
f) John and Paul .... (know) each other for years before John met Yoko.

g) John .... (wait) for Yoko for over half an hour when he .... (realise) that he .... (be) in the wrong art gallery.
h) The police .... (catch) Danny Ocean last Thursday. Someone .... (tell) them of his whereabouts.
i) Bill was proud of himself. He .... (finally + write) a piece of software that would make him rich.
j) Mr Smith .... (spend) a week in Miami recently. He .... (never + be) there before.

Aufgabe 2

Übersetzen Sie die folgenden Sätze ins Englische.

a) Eine rothaarige Frau kam ins Zimmer. Ich hatte sie nie zuvor gesehen.
b) Wann hat Welsh *Trainspotting* geschrieben?
c) Jay hatte gerade seinen Ferrari gewaschen, als es anfing zu regnen.
d) Als Gwen und Gavin heirateten, kannten sie sich schon seit langem.
e) Als sie einen Oscar bekam, arbeitete sie schon seit dreißig Jahren als Regisseurin.
g) Gestern lief *The Matrix* im Fernsehen. Ich hatte den Film noch nie gesehen.
h) Als wir am Wembley-Stadion ankamen, hatte das Konzert bereits begonnen.
i) Meine Augen taten weh, weil ich drei Stunden lang gelernt hatte.

Lösungen zu Aufgabe 1

a) Yesterday, Michael **went** to the cinema to watch *Pirates of the Caribbean* because he **had heard** so many good things about it.
b) Until that day last summer I **had never seen** such a beautiful girl. I **fell** in love with her right there and then.
c) When I arrived at the Royal Albert Hall, Jane **wasn't** there any more. She **had gone** home.
d) Walter **had been playing** baseball for three hours when his mum **called** him in for supper.
e) We **were not surprised** when Gwen and Gavin **got** married in 2002. After all, they **had been dating** for years.
f) John and Paul **had known** each other for years before John met Yoko.
   Anm.: Trotz Hervorhebung der Dauer bis zum Referenzzeitpunkt *past perfect simple* statt *progressive*, weil *know* ein statives Verb ist.
g) John **had been waiting** for Yoko for over half an hour when he **realised** that he **was** in the wrong art gallery.
h) The police **caught** Danny Ocean last Thursday. Someone **had told** them of his whereabouts.
i) Bill was proud of himself. He **had finally written** a piece of software that would make him rich.
j) Mr Smith **spent** a week in Miami recently. He **had never been** there before.

Lösungen zu Aufgabe 2

a) A red-haired woman came into the room. I had never seen her before.
b) When did Welsh write *Trainspotting*?
c) Jay had just washed his Ferrari when it started to rain.
d) When Gwen and Gavin got married they had known each other for a long time.
   Anm.: Trotz Hervorhebung der Dauer bis zum Referenzzeitpunkt *present past simple* statt *progressive*, weil *know* ein statives Verb ist.
e) When she received an Oscar, she had already been working as a director for thirty years.
f) *The Matrix* was on TV yesterday. I'd never seen it before.

g) When we arrived at Wembley Stadium, the concert had already begun.
h) My eyes were hurting because I had been studying for three hours.

2.5 Alle Present- und Past-Formen

Aufgabe 1

Verwenden Sie die Verben in der angemessenen Verbform.

a) We .... (be) a little surprised when Jude and Andy got married last year. They .... (only + know) each other for a few weeks.
b) The pen which he .... (write) the essay with at this very moment .... (belong) to the headmaster.
c) Yesterday evening, Frances .... (drive) to the airport to pick up Bob. When she .... (get) there, he .... (already + wait). His plane .... (land) early.
d) I now .... (think) it was a mistake to become a circus clown. I .... (think) of getting a new job.
e) It .... (rain) for hours. When will it ever stop?
f) While my father .... (wash) the car and my mother .... (do) the laundry, I .... (sneak) out the back door and .... (run) away.
g) Penelope .... (study) marketing for two years now.
h) She .... (be) a student since 2005.
i) While I .... (be) in Egypt in 2002, it .... (not + rain) once.
j) [Said at 10 am] I .... (look) for my glasses all morning, but I simply can't find them.
k) Ryan, ... (you + do) your homework yet?
l) How many times .... (I + tell) you not to eat my chocolate?
m) We .... (have) dinner when we .... (hear) a strange noise in the hallway.
n) Mary usually .... (come) to my house for a game of poker on Fridays, but she .... (not + come) last Friday.
o) When Helen .... (see) the mud-caked shoes, she .... (know) the children .... (play) in the woods again.
p) We can go outside to play cricket now. It .... (not + rain) any more.
q) Look, John .... (try) to climb up that lamp post.
r) I .... (normally + finish) work at 6 o'clock, but yesterday I .... (leave) early because I .... (have) an appointment with the dentist.

Aufgabe 2

Verwenden Sie die Verben in der angemessenen Verbform.

a) The Earth .... (go) round the Sun.
b) I can't find my magic wand anywhere – I .... (think) I .... (lose) it!
c) The weather .... (be) fantastic these past few days.
d) Who is that woman over there? I .... (never + see) her before.
e) I .... (just + tidy) my room. Looks much better now, doesn't it?
f) I .... (tidy) my room yesterday. Looks much better now, doesn't it?
g) When I .... (arrive) at the office this morning my secretary .... (already + make) me coffee.
h) What .... (you + do) when the fire alarm went off?
i) When Jack turned sixty he .... (look) back on all the things he .... (achieve) in life.

j) Liam, the car won't start. What .... (you + do) to it?
k) I .... (watch) a programme about flying squirrels when the TV set .... (explode).
l) The world's population .... (constantly + increase) for centuries.
m) Three months ago I .... (discover) that Brendan .... (cheat) on me for over two years. I .... (leave) him the same day, and we .... (not + speak) since then.
n) I .... (already + phone) Bruce three times today, but he doesn't seem to be at home.
o) I .... (want) to go to the Chili Peppers concert last week, but when I .... (get) to the venue someone .... (tell) me that the band .... (cancel) the entire tour!
p) When Siobhán .... (come) home, Seamus .... (eat) all of her crisps.
q) I .... (wait) for the ambassador for over an hour when his secretary .... (tell) me that His Excellency .... (break) his ankle while playing golf.
r) You look a little tired. .... (you + get) enough sleep lately?

2

Aufgabe 3

Übersetzen Sie die folgenden Sätze ins Englische.

a) Sharon ist seit 2005 bei British Airways.
b) Sie wartete bereits eine halbe Stunde, als er endlich vor dem Hotel vorfuhr.
c) (Um 10 Uhr morgens) Ich versuche schon den ganzen Morgen, die Hotline zu erreichen.
d) (Um 17 Uhr) Ich habe den ganzen Morgen versucht, die Hotline zu erreichen.
e) Seit Monaten versucht Paul, mit Micks Schwester anzubandeln.
f) Als Lucy Michael besuchte, erzählte er ihr von seinem Plan.
g) Harry, hast du die Garage schon aufgeräumt?
h) Wie oft haben Sie schon versucht, in Frau Beckhams Villa einzubrechen?
i) Die letzten paar Tage war ich ziemlich müde.
j) Frank hat letzte Woche einen Blog-Eintrag geschrieben, der inzwischen eine lebhafte Diskussion ausgelöst hat.
k) Weil Susanne noch nie Sushi gegessen hatte, lud Winston sie in ein japanisches Restaurant ein.
l) Als er mich auf dem Handy anrief, fuhr ich gerade durch Clapham.

Lösungen zu Aufgabe 1

a) We **were** a little surprised when Jude and Andy got married last year. They **had only known** each other for a few weeks.
b) The pen he **is writing** the essay with at this very moment **belongs** to the headmaster.
c) Yesterday evening, Frances **drove** to the airport to pick up Bob. When she **got** there, he **was already waiting.** His plane **had landed** early.
d) I now **think** it was a mistake to become a circus clown. I **am thinking** of getting a new job.
e) It **has been raining** for hours. When will it ever stop?
f) While my father **was washing** the car and my mother **was doing** the laundry, I **sneaked** out the back door and **ran** away.
g) Penelope **has been studying** marketing for two years now.
h) She **has been** a student since 2005.
i) While I **was** in Egypt in 2002, it **didn't** rain once.
j) [Said at 10 am] I **have been looking** for my glasses all morning, but I simply can't find them.
k) Ryan, **have you done** your homework yet?
l) How many times **have I told** you not to eat my chocolate?
m) We **were having** dinner when we **heard** a strange noise in the hallway.

n) Mary usually **comes** to my house for a game of poker on Fridays, but she **didn't come** last Friday.
o) When Helen **saw** the mud-caked shoes, she **knew** the children **had been playing** in the woods again.
p) We can go outside to play cricket now. It **isn't raining** any more.
q) Look, John **is trying** to climb up that lamp post.
r) I **normally finish** work at 6 o'clock, but yesterday I **left** early because I **had** an appointment with the dentist.

Lösungen zu Aufgabe 2

a) The Earth **goes** round the Sun.
b) I can't find my magic wand anywhere – I **think I've lost** it!
c) The weather **has been** fantastic these past few days.
d) Who is that woman over there? **I've never seen** her before.
e) **I've just tidied** my room. Looks much better now, doesn't it?
f) I **tidied** my room yesterday. Looks much better now, doesn't it?
g) When I **arrived** at the office this morning my secretary **had already made** me coffee.
h) What **were you doing** when the fire alarm went off?
i) When Jack turned sixty he **looked** back on all the things he **had achieved** in life.
j) Liam, the car won't start. What **have you done** to it?
k) I **was watching** a programme about flying squirrels when the TV set **exploded.**
l) The world's population **has been constantly increasing** for centuries.
m) Three months ago I **discovered** that Brendan **had been cheating** on me for over two years. I **left** him the same day, and we **haven't spoken** since then.
n) I **have already phoned** Bruce three times today, but he doesn't seem to be at home.
o) I **wanted** to go to the Chili Peppers concert last week, but when I **got** to the venue someone **told** me that the band **had cancelled** the entire tour!
p) When Siobhán **came** home, Seamus **had eaten** all of her crisps.
q) I **had been waiting** for the ambassador for over an hour when his secretary **told** me that His Excellency **had broken** his ankle while playing golf.
r) You look a little tired. **Have you been getting** enough sleep lately?

Lösungen zu Aufgabe 3

a) Sharon has been with British Airways since 2005.
b) She had been waiting for half an hour when his car finally pulled up in front of the hotel.
c) I've been trying all morning to get through to the hotline.
d) I tried all morning to get through to the hotline.
e) Paul has been making passes at Mick's sister for months.
f) When Lucy visited Michael, he told her about his plan.
g) Harry, have you tidied the garage yet?
h) How many times have you tried to break into Ms Beckham's mansion?
i) I've been pretty tired these past few days.
j) Last week, Frank wrote a blog entry which has since sparked a lively debate.
k) Since Susanne had never eaten sushi before, Winston invited her to a Japanese restaurant.
l) I was driving through Clapham when he called me on my mobile.

2.6 Sätze, die von der Zukunft handeln

Aufgabe 1

Verwenden Sie die Verben in der angemessenen Verbform.

a) If you're too lazy, I .... (clean) the dishes for you.
b) Our staff meetings always .... (start) at 9 o'clock.
c) The train from Glasgow .... (arrive) in twelve minutes.
d) I .... (meet) my friend Jane at 2 pm. We want to go to the park.
e) I promise I .... (not + tell) anyone about what you've done.
f) Neil .... (be) very happy to see you when he .... (return) from his holiday.
g) Look at all the dark clouds. It .... (rain)!
h) This time next year .... (drink) cocktails on a beach somewhere in Brazil.
i) Tomorrow at noon, Mr Ocean .... (be) in prison.
j) I .... (wait) outside when you get off work tomorrow.
k) I bought some red paint because .... (redecorate) my bedroom next week.
l) If we miss the train, we .... (take) a taxi, OK?
m) By the year 2050, the population of the world .... (reach) ten billion.
n) Katie, ... (you + marry) me?
o) By the time you get back home I .... (eat) all of your chocolate!

Aufgabe 2

Übersetzen Sie die folgenden Sätze ins Englische.

a) Wann beginnen die Sommerferien?
b) Ich hole sie morgen um 9 Uhr ab.
c) Bis Freitag werde ich das Buch gelesen haben.
d) Was hast du morgen vor?
e) Ich würde Arnold jetzt nicht anrufen. Er wird viel zu tun haben.
f) Warten Sie, ich helfe Ihnen!
g) Mike wird Lehrer.
h) Morgen Mittag um zwölf wird sie im Zug sitzen.

Lösungen zu Aufgabe 1

a) If you're too lazy, I **will clean** the dishes for you.
b) Our staff meetings always **start** at 9 o'clock.
c) The train from Glasgow **arrives** in twelve minutes.
d) I **am meeting** my friend Jane at 2 pm. We want to go to the park.
e) I promise I **won't** tell anyone about what you've done.
f) Neil **will be** very happy to see you when he **returns** from his holiday.
g) Look at all the dark clouds. It**'s going to rain!**
h) This time next year I**'ll be drinking** cocktails on a beach somewhere in Brazil.
i) Tomorrow at noon, Mr Ocean **will be** in prison.
j) I **will be waiting** outside when you get off work tomorrow.
k) I bought some red paint because I **am going to redecorate** my bedroom next week.
l) If we miss the train, we'**ll take** a taxi, OK?
m) By the year 2050, the population of the world **will have reached** ten billion.

n) Katie, **will you marry** me?
Anm.: In Aussagesätzen über die Zukunft wird manchmal kein Unterschied zwischen *will* und *going to* wahrgenommen. In entsprechenden Fragesätzen kommen Unterschiede jedoch stärker zum Vorschein: Mit *Will you marry me?* wird ein spontaner Entschluss erbeten, während *Are you going to marry me?* eher auf eine Bestätigung abzielt, etwa: „Heiratest du mich nun oder nicht?"
o) By the time you get back home I **will have eaten** all of your chocolate!

2

Lösungen zu Aufgabe 2

a) When do the summer holidays begin?
b) I'm picking her up tomorrow at 9 o'clock.
c) I will have read the book by Friday.
d) What are you doing tomorrow?
e) I wouldn't call Arnold now. He'll be busy.
f) Wait, I'll help you!
g) Mike is going to be a teacher.
h) Tomorrow at noon she will be sitting on the train.

2.7 Konditionalsätze

Aufgabe 1

Verwenden Sie die Verben in der angemessenen Verbform.

a) If you .... (take) more exercise, you would feel better.
b) What would you have done if I .... (steal) your sandwich?
c) I will scream if you .... (stick out) your tongue again!
d) Would John mind if I .... (kiss) his wife?
e) Frank .... (forget) my birthday if you hadn't told him.
f) If Ken .... (fail) his driving test, he will be in big trouble.
g) I'm sure she .... (understand) if you explained the situation to her.
h) If I had a million dollars I .... (buy) you a yacht.

Aufgabe 2

Übersetzen Sie die folgenden Sätze ins Englische.

a) Wenn es morgen schön ist, gehen wir zum Bungee-Jumping.
b) Sie hätten mehr Geld, wenn er nicht jeden Tag Kaviar äße.
c) Ich wasche ab, wenn du keine Lust dazu hast.
d) Wäre Beethoven 200 Jahre später geboren worden, hätte er Drum-and-Bass-Musik komponiert.
e) Wenn ich mehr Geld hätte, würde ich öfter nach Ibiza fliegen.
f) Wenn ich damals mehr Geld gehabt hätte, hätte ich mir einen Maserati gekauft.
g) Sie hätte die Stelle bekommen, wenn sie nicht für das Vorstellungsgespräch ein rotes Kleid angezogen hätte.
h) Wenn Shakespeare heute lebte, würde er wahrscheinlich Drehbücher schreiben.
i) Ich wünschte, ich wäre ein König.
j) Ich täte das nicht, wenn ich du wäre.

k) Geh doch, wenn du mich nicht liebst.
l) Wenn er das tut, spreche ich nie mehr mit ihm.

Lösungen zu Aufgabe 1

a) If you **took** more exercise, you would feel better.
b) What would you have done if I **had stolen** your sandwich?
c) I will scream if you **stick out** your tongue again!
Anm.: Beachten Sie, dass *would, will, shall* und *going to* in der Regel nur im Hauptsatz, nicht aber im *if*-Satz stehen dürfen. Eine Ausnahme besteht, wenn durch *would* oder *will* eine höfliche Bitte bzw. Bereitschaft ausgedrückt wird (zum Beispiel *I would be grateful if you would send me your latest brochure* oder *If you will be so kind as to wait here I will get the store manager*).
d) Would John mind if I **kissed** his wife?
e) Frank **would have forgotten** my birthday if you hadn't told him.
f) If Ken **fails** his driving test, he will be in big trouble.
Anm.: Siehe c)
g) I'm sure she **would understand** if you explained the situation to her.
h) If I had a million dollars I **would buy** you a yacht.

Lösungen zu Aufgabe 2

a) If the weather is nice tomorrow we'll go bungee jumping.
b) They would have more money if he didn't eat caviar every day.
c) I'll do the dishes if you don't feel like it.
d) If Beethoven had been born 200 years later, he would have composed drum and bass music.
e) If I had more money I'd fly to Ibiza more often.
f) If I had had more money back then I would have bought a Maserati.
g) She would have gotten the job if she hadn't worn a red dress to the interview.
h) If Shakespeare were alive today he would probably be writing film scripts.
i) I wish I were a king./I wish I was a king.
j) I wouldn't do that if I were you.
k) Just go if you don't love me.
l) If he does that I will never speak to him again.

2.8 Relativsätze

Aufgabe 1

Setzen Sie ein passendes Relativpronomen ein.

a) The man .... lives next door to Jerry always has pancakes for breakfast.
b) The young woman .... Mark tried to kiss is his best friend's cousin.
c) This is the man .... sister you insulted.
d) Peter, ... I spoke to on the phone this morning, is an outstanding surgeon.
e) John, ... I spoke on the phone this morning, would have made an outstanding surgeon.
f) There was no money in the wallet .... Carol found yesterday.
g) Kerry, ... used to be very ambitious, has decided to take it easy.
h) Randy doesn't like films .... have happy endings.
i) Lydia, ... daughter I sometimes baby-sit, might be able to get you a job in the circus.
j) Doug, ... is a paediatrician, is going to join us for a beer later.

Aufgabe 2

Übersetzen Sie die folgenden Sätze ins Englische.

a) Gestern habe ich eine junge Frau kennen gelernt, die für die Regierung arbeitet.
b) Sind das die Leute, deren Hund sprechen kann?
c) Elisabeth, die du vorhin kennen gelernt hast, hat drei Kinder.
d) Keiner weiß, wessen Schuld es ist.
e) Tom, der nicht einmal seinen Namen richtig schreiben kann, arbeitet als Übersetzer!
f) Frau Hedges will nach Schweden fahren, wo ihre Tochter lebt.
g) Wo ist der Käse, den ich gestern gekauft habe?
h) Der Mann, den sie heiraten wollte, war ein Stripper.

Lösungen zu Aufgabe 1

a) The man **that/who** lives next door to Jerry always has pancakes for breakfast.
b) The young woman **that/whom/who/–** Mark tried to kiss is his best friend's cousin.
Anm.: Das Relativpronomen kann wegfallen, wenn es das Objekt eines *non-defining relative clause* ist.
c) This is the man **whose** sister you insulted.
d) Peter, **whom/who** I spoke to on the phone this morning, is an outstanding surgeon.
e) John, **to whom** I spoke on the phone this morning, would have made an outstanding surgeon.
f) There was no money in the wallet **that/which/–** Carol found yesterday.
Anm.: Siehe b)
g) Kerry, **who** used to be very ambitious, has decided to take it easy.
h) Randy doesn't like films **that/which** have happy endings.
i) Lydia, **whose** daughter I sometimes baby-sit, might be able to get you a job in the circus.
j) Doug, **who** is a paediatrician, is going to join us for a beer later.

Lösungen zu Aufgabe 2

a) Yesterday, I met a young woman who works for the government.
b) Are these the people whose dog can speak?
c) Elisabeth, whom/who you met earlier, has three children.
d) No one knows whose fault it is.
e) Tom, who can't even spell his name, works as a translator!
f) Mrs Hedges wants to go to Sweden, where her daughter lives.
g) Where is the cheese I bought yesterday/that I bought yesterday/which I bought yesterday
Anm.: Das Relativpronomen kann wegfallen, wenn es das Objekt eines *non-defining relative clause* ist.
h) The man she wanted to marry/that she wanted to marry/whom she wanted to marry was a stripper.
Anm.: Siehe g)

2.9 Indirekte Rede

Aufgabe 1

Ergänzen Sie die unvollständigen Sätze, um die Aussagen und Fragen in Anführungszeichen wiederzugeben. Verwenden Sie dabei die indirekte Rede.

a) "I've never been to Mexico."
Mrs Smith said ...
b) "Dieter is not a friend of mine."
Thomas said that ...
c) "I tried to make him happy."
Verona said that ...
d) "Will you marry me?"
Peter asked his girlfriend whether ...
e) "I've never eaten anything this hot before."
He said that ...
f) "I want to buy a Porsche but I can't afford one."
Fiona said ...

Aufgabe 2

Übersetzen Sie die folgenden Sätze ins Englische.

a) Mr Jackson sagte, er habe kein Geld mehr.
b) Sue antwortete, dass sie nicht zur Feier kommen wolle.
c) Beide Schwestern schworen, sie hätten nichts Verdächtiges gesehen.
d) Vater sagte, es gebe keinen Grund, sich Sorgen zu machen.
e) Mutter sagte, er solle still sein.
f) Brian sagte, er werde mir ein Haus bauen.
g) Seamus antwortete, ich könne zur Hölle fahren.
h) Er sagte, in der Steinzeit habe es kein Fernsehen gegeben.

Aufgabe 3

Übersetzen Sie die folgenden Sätze in schriftsprachliches Deutsch.

a) Ross said he didn't know what his wife was doing.
b) Phoebe asked whether everyone was happy.
c) Gunter told Ross to leave Rachel alone.
d) Monica said she couldn't stand dirty dishes.
e) Rachel said that she was tired.
f) Joey replied that he hadn't eaten in a while.
g) Phoebe said that her cousin had had triplets.
h) Monica said that she liked moustaches.

Lösungen zu Aufgabe 1

a) Mrs Smith said that she had never been to Mexico.
b) Thomas said that Dieter was not a friend of his.
c) Verona said that she had tried to make him happy.
d) Peter asked his girlfriend whether she would marry him.
e) He said that he had never eaten anything that hot before.
f) Fiona said she wanted to buy a Porsche but couldn't afford one.

Lösungen zu Aufgabe 2

a) Mr Jackson said that he that he had no more money.
b) Sue replied that she didn't want to come to the party.
c) Both sisters swore they hadn't seen anything suspicious.
d) Father said there was no reason to worry.
e) Mother told him to be quiet.
Anm.: Befehle und Anweisungen gibt man in der indirekten Rede am besten mit *to*-Infinitiv wieder.
f) Brian said he would build me a house.
g) Seamus replied that I could go to hell.
h) He said that there had been no television in the Stone Age.

Lösungen zu Aufgabe 3

a) Ross sagte, er wisse nicht, was seine Frau gerade mache.
b) Phoebe fragte, ob alle zufrieden seien.
c) Gunter sagte Ross, er solle Rachel in Ruhe lassen.
d) Monica sagte, sie könne schmutziges Geschirr nicht ausstehen.
e) Rachel sagte, sie sei müde.
f) Joey antwortete, dass er seit einiger Zeit nichts gegessen habe.
g) Phoebe sagte, ihre Cousine habe Drillinge zur Welt gebracht.
h) Monica sagte, dass ihr Schnurrbärte gefielen.

2.10 Passivkonstruktionen

Aufgabe 1

Wandeln Sie die Sätze so um, dass sie eine Passivkonstruktion enthalten.

a) I think someone is following us!
b) Sinéad realised that someone had stolen her wig.
c) How much will they pay Leon for this job?
d) When I arrived at the hotel, someone was cleaning the room.
e) Someone must do something before it's too late.

Aufgabe 2

Übersetzen Sie die folgenden Sätze ins Englische.

a) Gestern habe ich mir die Zunge piercen lassen.
b) Der Zug hätte um vier Uhr ankommen sollen.

c) Man sagt, er sei ein Lügner.
d) Man soll hier sein Auto nicht parken!
e) Das Auto wird gerade repariert.
f) Ein Stein verletzte ihn.

Lösungen zu Aufgabe 1

a) I think we are being followed.
b) Sinéad realised that her wig had been stolen.
c) How much will Leon be paid for this job?
d) When I arrived at the hotel, the room was being cleaned.
e) Something must be done before it's too late.

Lösungen zu Aufgabe 2

a) I had my tongue pierced yesterday.
b) The train was supposed to arrive at four o'clock.
c) He is said to be a liar.
d) You're not supposed to park your car here!
e) The car is being repaired.
f) He was injured by a stone.

2.11 Modale Hilfsverben

Aufgabe 1

Setzen Sie ein modales Hilfsverb ein, das die in Klammern angegebene Bedeutung trägt.

a) I'm not very fit. I .... take more exercise. („sollte")
b) If you want to lose weight, you .... eat three bars of chocolate a day. („darfst nicht")
c) You .... come to Muriel's wedding if you don't want to. („musst nicht")
d) You .... come to Muriel's wedding if you didn't want to. („hättest nicht ... müssen")
e) My grandmother was a very talented musician. .... play the piano and the violin. („konnte")
f) Last year Shauni fell into an old mine shaft, but Mitch .... rescue her. („konnte")
g) Jonathan had broken his wrist and .... write very well. („konnte nicht")
h) I haven't heard from Abigail in a long time. Do you think I .... phone her? („sollte")
i) At first, Kirsten didn't want to come to the cinema to watch *Spiderman 3* with us, but in the end Toby .... persuade her. („konnte")
j) Juliet looked so adorable. I .... kissed her right there and then. („hätte ... können")
k) Noel had three cheeseburgers only an hour ago. He .... be hungry again! („kann nicht")
l) Patsy said that Liam was a pansy. She .... have a point. („könnte")
m) I'm very tired. I .... stayed up so late to watch *Jackass*. („hätte nicht ... sollen")

Aufgabe 2

Übersetzen Sie die folgenden Sätze ins Englische. Verwenden Sie in jedem Satz ein modales Hilfsverb.

a) Du darfst niemandem sagen, was ich getan habe!
b) Nach der langen Reise musst du ganz schön müde sein.
c) Du hättest schon vor einer Stunde hier sein sollen.
d) Ich habe Sean gestern angerufen, aber er muss wohl geschlafen haben.
e) Margery hätte nicht nach Reading fahren sollen.
f) Sie kann es nicht gewesen sein.
g) Du hättest wenigstens anrufen können.
h) Sein Englisch könnte ganz gut sein, aber er lernt ja nie!
i) Isobel hätte Miss Schottland werden können.
j) Du darfst die Spaghetti nicht auf den Boden werfen!

Lösungen zu Aufgabe 1

a) I'm not very fit. I **should** take more exercise.
b) If you want to lose weight, you **mustn't** eat three bars of chocolate a day.
c) You **don't have to** come to Muriel's wedding if you don't want to.
d) You **needn't have** come to Muriel's wedding if you didn't want to.
e) My grandmother was a very talented musician. She **could** play the piano and the violin.
f) Last year Shauni fell into an old mine shaft, but Mitch **was able to** rescue her.
Anm.: *Could* darf nicht in affirmativen Sätzen stehen, die von einem Einzelfall in der Vergangenheit handeln und kein Verb der Wahrnehmung (*smell, see, hear* etc.) als Hauptverb haben. In solchen Fällen muss man eine Konstruktion wie *was/were able to* oder *managed to* wählen.
g) Jonathan had broken his wrist and **couldn't** write very well.
h) I haven't heard from Abigail in a long time. Do you think I **should** phone her?
i) At first, Kirsten didn't want to come to the cinema to watch *Spiderman 3* with us, but in the end Toby **managed to** persuade her.
Anm.: Siehe f)
j) Juliet looked so adorable. I **could have** kissed her right there and then.
k) Noel had three cheeseburgers only an hour ago. He **can't be** hungry again!
l) Patsy said that Liam was a pansy. She **may/might** have a point.
m) I'm very tired. I **shouldn't have** stayed up so late to watch *Jackass*.

Lösungen zu Aufgabe 2

a) You mustn't tell anyone what I've done!
b) After that long journey you must be pretty tired.
c) You should have been here an hour ago.
d) I called Sean yesterday but he must have been sleeping.

e) Margery shouldn't have gone to Reading.
f) It can't have been her.
g) You could have at least called.
h) His English could be quite good, but he never studies!
i) Isobel could have become Miss Scotland.
j) You mustn't throw the spaghetti on the floor!

2.12 Adjektive und Adverbien

Aufgabe 1

Wählen Sie aus den Wörtern in Klammern das korrekte aus.

a) Vanessa and Johnny are .... (happy/happily) married.
b) Did you feel .... (nervous/nervously) the first time you kissed a boy?
c) The train from Edinburgh arrived .... (late/lately).
d) Our trip to Italy was very enjoyable and the time passed very .... (quick/quickly).
e) Harold and Maude seem to get along quite .... (good/well).
f) This food is .... (terrible/terribly).
g) Martin likes to wear .... (colourful/colourfully) hats.
h) I wouldn't bungee-jump off this platform. It doesn't look .... (safe/safely).
i) Luckily, no one involved in the accident had any .... (serious/seriously) injuries.
j) Richard speaks French .... (fluent/fluently).
k) Kate tried .... (hard/hardly) to get him to marry her.
l) Winona was .... (terrible/terribly) upset about not getting the lead role in Woody's new film.
m) In my opinion, the conference was .... (bad/badly) organised.
n) .... (Careful/Carefully) lift the record player out of the box and place it on a table.
o) Sharon has become quite lazy. She did .... (hard/hardly) any work last week.
p) Have you seen Michael .... (late/lately)?
q) Kurt looks very .... (sad/sadly).
r) I feel .... (good/well)!

Lösungen zu Aufgabe 1

a) Vanessa and Johnny are **happily** married.
b) Did you feel **nervous** the first time you kissed a boy?
c) The train from Edinburgh arrived **late.**
Anm.: *Late* kann sowohl Adverb als auch Adjektiv sein (hier Adverb); *lately* bedeutet „in letzter Zeit".
d) Our trip to Italy was very enjoyable and the time passed very **quickly.**
e) Harold and Maude seem to get along quite **well.**
f) This food is **terrible.**
g) Martin likes to wear **colourful** hats.
h) I wouldn't bungee-jump off this platform. It doesn't look **safe.**
i) Luckily, no one involved in the accident had any **serious** injuries.
j) Richard speaks French **fluently.**
k) Kate tried **hard** to get him to marry her
Anm.: *Hard* kann sowohl Adverb als auch Adjektiv sein (hier Adverb); *hardly* bedeutet „kaum".
l) Winona was **terribly** upset about not getting the lead role in Woody's new film.

m) In my opinion, the conference was **badly** organised.
n) **Carefully** lift the record player out of the box and place it on a table.
o) Sharon has become quite lazy. She did **hardly** any work last week.
Anm.: Siehe k)
p) Have you seen Michael **lately?**
Anm.: Siehe c)
q) Kurt looks very **sad.**
r) I feel **good!**/I feel **well!**
Anm.: Hier sind ausnahmsweise beide Lösungen korrekt. Die erste bedeutet: „Ich fühle mich gut!", die zweite: „Ich fühle mich gesund!" Beachten Sie aber, dass *well* hier ein Adjektiv ist, nicht etwa das Adverb zu *good*.

2.13 Substantive ohne Pluralform

Aufgabe 1

Übersetzen Sie die folgenden Sätze ins Englische.

a) Zwei Brote, bitte!
b) Morgen gebe ich Ihnen weitere Informationen.
c) Ich muss jetzt meine Hausaufgaben machen.
d) In fünf Minuten sind die Nachrichten dran.
e) Mathematik ist ein langweiliges Fach.
f) Kannst du mir mal ein paar Ratschläge geben?
g) Es wird viel Zeit kosten, die Schäden zu reparieren.
h) Wir haben Fortschritte gemacht.
i) Ich will schlafen, also mach nicht so viel Lärm.

Lösungen zu Aufgabe 1

a) Two loaves of bread, please!
b) Tomorrow I will give you further information.
c) I have to do my homework now.
d) The news is on in five minutes.
Anm.: Trotz des vermeintlichen Plural-s ist *news* ein unzählbares Substantiv; deshalb muss das Verb im Singular stehen.
e) Mathematics is a boring subject.
Anm.: Siehe d)
f) Can you give me some advice?
Anm.: „Einen Ratschlag" müsste man mit *a piece of advice* übersetzen.
g) It will take a long time to repair the damage.
Anm.: In der Bedeutung „Schäden" ist *damage* ein unzählbares Substantiv. *Damages* bedeutet „Schadenersatz".
h) We've made progress.
i) I want to sleep, so don't make so much noise.
Anm.: In der Bedeutung „Lärm" ist *noise* ein unzählbares Substantiv. *Noises* bedeutet „Geräusche".

3_Textaufgaben

VORBEMERKUNG

Bei der Bearbeitung der Textaufgaben – sowohl im Hinblick auf die Bearbeitung eines Sachtextes als auch eines literarischen Textes – sind vier Arbeitsschritte notwendig:

1 **Kursorische Lektüre des Prüfungstextes und sorgfältige Lektüre der Prüfungsaufgaben**
2 **Extensive Lektüre des Prüfungstextes und Klärung inhaltlicher und sprachlicher Probleme**
3 **Bearbeitung und Lösung der einzelnen Aufgaben zum Text**
4 **Überarbeitung und ggf. Korrektur der eigenen Lösungen**

3

zu 1:
Zunächst muss der Text mit den dazugehörigen Aufgaben gesichtet werden, um einen Überblick zu erhalten. Dies ist vor allem wichtig, wenn man als Prüfling im Abitur zwischen zwei Textaufgaben wählen darf, wie etwa in Bayern. Damit für den Entscheidungsprozess in der Prüfung nicht unnötig Zeit beansprucht wird, muss daher gerade die Auswahl zwischen zwei Texten geübt werden.
Zu dieser Sichtung gehört, den Prüfungstext kursorisch (also sehr zügig) zu lesen, um sich hinsichtlich des Textinhalts orientieren zu können. Die besondere Herausforderung besteht dabei darin, sich nicht von inhaltlichen oder sprachlichen Details oder Unklarheiten ablenken zu lassen. Gleichwohl sollten diese bereits bei der kursorischen Lektüre markiert werden, denn die Anzahl markierter Stellen kann eine Hilfe bei der Entscheidung für den einen oder anderen Text sein bzw. später bei der Klärung dieser Unklarheiten Zeit sparen.
Die Prüfungsaufgaben hingegen sollten genau gelesen werden, damit man sich von Anfang an im Klaren darüber ist, was verlangt wird.
Die Entscheidung für den einen oder anderen Text sollte einerseits natürlich davon abhängig gemacht werden, welcher Text dem Prüfling inhaltlich mehr zusagt, andererseits aber auch davon, mit welchem Text man sprachlich besser zurecht kommt. Darüber hinaus spielt der Aufgabenkatalog eine entscheidende Rolle: Der Text, dessen Fragenapparat dem ersten Eindruck nach besser zu bearbeiten ist, sollte – gegebenenfalls auch entgegen inhaltlicher Präferenzen – den Vorzug erhalten.

zu 2:
Erst im zweiten Schritt erfolgt die extensive Lektüre des Textes und die Klärung sprachlicher und inhaltlicher Probleme. Bei der Klärung von Wortschatz muss unbedingt von der Technik der Erschließung der Wortbedeutung aus dem Kontext Gebrauch gemacht werden, denn das Blättern im Wörterbuch ist zeitaufwendig und oft nicht notwendig. Allerdings muss diese Erschließungstechnik bereits bei der Vorbereitung aufs Abitur geübt werden, da sie sonst nicht zuverlässig angewandt werden kann. Erst wenn diese Technik erschöpfend angewandt wurde, sollte das Wörterbuch zur Hand genommen werden. Mit dem zu benutzenden Wörterbuch, dessen Art Informationen zu bieten und dessen grundlegendem Aufbau, sollte man vertraut sein.

zu 3:
Die Lösung der einzelnen Aufgaben zum Text sollte in der vorgegebenen Reihenfolge bearbeitet werden, denn in der Regel entspricht die Chronologie der Aufgaben der Chronologie des Textes und teilweise bauen die Fragen aufeinander auf.
Wie bereits anklang, muss die Aufgabenstellung äußerst sorgfältig gelesen werden, um sicherzustellen, dass die Aufgabe auch korrekt bearbeitet wird. Der Arbeitsauftrag „**Summarize**" beispielsweise erfordert, bestimmte Aspekte des Textes zusammenzufassen, während der Arbeitsauftrag „**Examine**" bedeutet, den Text auf eine bestimmte Fragestellung hin genau zu untersuchen und die Ergebnisse dieser Untersuchung darzustellen. Auf diese Unterschiede muss unbedingt geachtet werden!

Ein weiterer Grund für den äußerst sorgfältigen Umgang mit der Fragestellung ist, dass Vorsicht hinsichtlich der Trennschärfe der Fragen geboten ist, d. h. bei der Beantwortung der Fragen Dopplungen bzw. Wiederholungen zu vermeiden sind. Daher ist es unerlässlich, die jeweiligen Textstellen, die für die Beantwortung der Fragen relevant sind, farblich zu markieren, um Überschneidungen bereits im Vorfeld ausschließen zu können.
Außerdem dürfen die relevanten Textstellen nicht einfach „kopiert" werden, sondern müssen in eigenen Worten wiedergegeben werden. Alternative Formulierungen, die dem Prüfling bei der Bearbeitung des Textes einfallen, sollten also gleich notiert werden.
Sinnvoll ist auch, mit einem Schmierzettel zu arbeiten, auf dem zunächst eine Art Stoffsammlung entsteht, die dann – gegliedert und strukturiert – sauber zu Papier gebracht wird. Auch diese Technik sollte vorher geübt werden, da sie sonst nicht effektiv eingesetzt werden kann.

zu 4:
Am Schluss der Prüfung muss Zeit für eine ausführliche und sorgfältige Korrektur der Arbeit eingeplant werden, um bisher übersehene Fehler zu finden und zu verbessern. Falls dann noch Zeit vorhanden ist, können mithilfe des Wörterbuchs auch noch Schwächen im Ausdruck verbessert werden.

3.1 Literarische Texte

3.1.1 Das Drama Shakespeares

M1 **William Shakespeare** **Romeo and Juliet (I, 5)**

Chorus
Now old desire doth in his death-bed lie,
And young affection gapes to be his heir[1];
That fair[2] for which love groan'd for and would die,
With tender Juliet match'd is now[3] not fair.
Now Romeo is belov'd, and loves again[4],
Alike bewitched[5] by the charm of looks;
But to his foe suppos'd[6] he must complain[7],
And she steal love's sweet bait from fearful[8] hooks.
Being held[9] a foe, he may not have access
To breathe such vows as lovers use[10] to swear,
And she as much in love, her means much less
To meet her new-beloved any where:
But passion lends them power, time means, to meet,
Temp'ring extremities with extreme sweet.

1 *gapes ... heir: waits with open mouth to swallow his inheritance*
2 *That fair ... and: that fair lady (i.e. Rosaline) who he longed for and for whom he*
3 *With ... now: is now compared with Juliet and that's*
4 *again: in return*
5 *Alike bewitched: both of them are fascinated*
6 *foe suppos'd: the one who was supposed to be his enemy*
7 *But to ... complain: lament as a lover: although she is supposed to be his enemy he now protests his love for her*
8 *fearful: dangerous*
9 *held: considered to be*
10 *use: are accustomed*

William Shakespeare: Romeo and Juliet. Aus: Gill Roma (Hrsg.): Oxford School. Oxford University Press, Oxford 1982, Seite 31

Questions on the text

1. *Explain form and function of the given passage that concludes the 5th scene of the 1st act and is often regarded as the prologue to act 2.*

2. *Explain briefly what happened before this prologue and what is going to happen in the following acts.*

3. *Contrasts play an important role in the prologue. Identify three examples and explain their significance.*

Tipps zur Herangehensweise

Voraussetzung zur angemessenen Bearbeitung dieser Aufgaben ist die Kenntnis dieses Dramas, da der Subtext dieser Textstelle einen wesentlichen Bestandteil der Interpretation darstellt, dessen Bedeutung sich aber nur im Kontext der gesamten Handlung erschließen lässt.
Unter Subtext versteht man eine zweite, sozusagen implizite Bedeutungsebene eines Textes (im Gegensatz zur expliziten Aussage eines Textes). Um den Subtext zu verstehen, muss „zwischen den Zeilen gelesen" werden, der Text interpretiert werden, was aber nur dann möglich ist, wenn der Leser über besondere zusätzliche Informationen verfügt (hier: Kontext des gesamten Dramas). Darüber hinaus muss der Prüfling mit der lyrischen Form des Sonetts vertraut sein, das grundsätzlich aus 14 Versen besteht, dessen Strophengliederung und Reimschema aber variieren kann: Während das ‚Shakespearean sonnet' aus drei Quartetten und einem abschließenden Reimpaar besteht (abab, cdcd, efef, gg oder abba, cddc, effe, gg), liegt dem ‚Petrarchan sonnet' eine Zweiteilung in ein Oktett (abbaabba) und ein Sextett (cdecde) zugrunde.

Erwartungshorizont

Aufgabe 1

- form:
  - Shakespearean/English sonnet
  - three quatrains, concluding couplet (rhyme scheme: abab cdcd efef gg)
- function:
  - reviews the plot so far
  - prepares the reader for the upcoming events, namely the romance of Romeo and Juliet
  - allows actors to catch their breath

Aufgabe 2

- before:
  - feud between the Montague and the Capulet family
  - Paris wants to marry Juliet, therefore Mr Capulet gives a party in his house
  - Romeo is persuaded by Benvolio and Mercutio to join the party (masquerade)
  - thus first encounter between Romeo and Juliet: love at first sight
  - Tybalt recognizes Romeo, wants to start a fight, but is restrained by old Capulet
- after:
  - Romeo and Juliet are married secretly by Friar Lawrence
  - plans to marry Juliet and Paris are carried out in the Capulet family
  - Romeo is banished from Verona because he killed Tybalt (because Tybalt had killed Mercutio before)
  - Friar Lawrence's plan to save the situation: poison for Juliet: she will seem to be dead

- Romeo discovers Juliet in this state, but does not know about the poison and Friar Lawrence's plan, thus he kills himself
- grieving about Romeo's death, Juliet kills herself

Aufgabe 3

- contrasts in this sonnet:
  - old desire vs. young affection
  - deathbed vs. heir
  - Rosaline vs. Juliet
  - foe vs. lover
  - limited access for Romeo vs. even more limited access for Juliet
  - extremities vs. extreme sweet
- significance: the contrasts add to the prologue an awareness that
  - Romeo's relationship with Juliet is stronger and more powerful than his love for Rosaline
  - Juliet is powerless
  - the feud provides many complications

M2 William Shakespeare Romeo and Juliet (IV, 3)

Tuesday night: Juliet's bedroom. Enter JULIET *and* NURSE

JULIET: Ay, those attires[1] are best, but, gentle Nurse
I pray thee leave me to myself tonight:
For I have need of many orisons[2]
To move the heavens to smile upon my state,
Which, well thou knowest, is cross[3] and full of sin.

Enter mother, LADY CAPULET

LADY CAPULET: What, are you busy, ho? need you my help?

JULIET: No madam, we have cull'd[4] such necessaries
As are behoveful[5] four our state tomorrow.
So please you, let me now be left alone,
And let the Nurse this night sit up with you,
For I am sure you have your hands full all,
In this so sudden business.

LADY CAPULET: Good night.
Get thee to bed and rest, for thou hast need.

Exeunt LADY CAPULET and NURSE

1 *attires: clothes*
2 *orisons: prayers*
3 *cross: wrong*
4 *cull'd: collected*
5 *behoveful: necessary*

William Shakespeare: Romeo and Juliet. Aus: Gill Roma (Hrsg.): Oxford School, Oxford University Press, Oxford 1982, Seite 95

Questions on the text

1. *Briefly describe the situation Juliet finds herself in and explain how this passage illustrates that Juliet has changed drastically since her first appearance in the play.*

2. *Juliet addresses her Nurse as "gentle Nurse". Does this phrase describe the Nurse adequately? Include your knowledge of her character throughout the play and take into account what is alluded to in the given passage.*

Erwartungshorizont

Aufgabe 1

Juliet's situation:

- Juliet has to marry Paris, the wedding is to happen on the following day (Lady Capulet and the Nurse are in preparations for this day)
- she needs to be alone because she wants to drink Friar Lawrence's potion (part of the Friar's plan to save Juliet and Romeo)

Juliet's drastic change:

- before: obedient, submissive daughter
- now:
  - she tried to avoid her wedding to Paris and contradicted her father, but to no avail.
  - she feels lonely because the Nurse recommended her wedding to Paris although she knows about Romeo
  - she lies to her mother and to the Nurse
  - she makes her own decisions, regardless of others: she wants to make her mother and the Nurse believe that she is preparing for the wedding, but in reality she is worried about the potion
  - → now she is a strong character, defiant

Aufgabe 2

- the phrase "gentle Nurse" would normally have been used before this scene to show affection and a close relationship because
  - the Nurse is the only person in her family who knows about Juliet's love for Romeo ("as well thou knowest")
  - the Nurse is a mother figure for Juliet; she cared for her when she was a baby because her own daughter had died in infancy and thus she loves Juliet with all her heart (cf. Act I)
- here, Juliet calls her "gentle Nurse" to hide her real plans and to get rid of her; otherwise she will not be able to carry out her plans (subtext)
- the Nurse is a simple (also simple-minded) and lively person; she often appears to be vulgar, bawdy, sometimes even obscene, so she does not always seem to be the "gentle Nurse"
- she is not a gentle character: she recommended Juliet's wedding to Paris although she knows about Romeo
- Juliet does not consider her gentle anymore, and decides to never trust her again ("leave me alone")

3.1.2 Das moderne Drama

M 1 Tenessee Williams Cat on a Hot Tin Roof

[...]

BIG DADDY [...], you're passing the buck to things like time and disgust with "mendacity" and – crap! – if you got to use that kind of language about a thing it's ninety-proof bull, and I'm not buying any.

BRICK I had to give you a reason to get a drink!

BIG DADDY You started drinkin' when your friend Skipper died.
(Silence for five beats. Then Brick makes a startled movement, reaching for his crutch.)

BRICK What are you suggesting?

BIG DADDY I'm suggesting nothing.
(The shuffle and clop of brick's rapid hobble away from his father's steady grave attention.)
– But Groper an' Mae suggested that there was something not right exactly in your –

BRICK *(stopping short downstage as if backed to a wall)* "Not right"?

BIG DADDY Now, well, exactly *normal* in your friendship with –

BRICK They suggested that, too? I thought that was Maggie's suggestion.
(Brick's detachment is at last broken through. His heart is accelerated, his forehead sweatbeaded; his breath becomes morde rapid and his voice hoarse. The thing they're discussing, timidly and painfully on the side of Big Daddy, fiercely, violently on Brick's side, is the inadmissible thing that Skipper died to disavow between them. The fact that if it existed it had to be disavowed "to keep face" in the world they lived in, may be at the heart of the "mendacity" that Brick drinks to kill his disgust with. It may be the root of his collapse. Or maybe it is only a single manifestation of it, not even the most important. The bird that I hope to catch in the net of this play is not the solution of one man's psychological problem. I'm trying to catch the true quality of experience in a group of people, that cloudy, evanescent – fiercely charged! – interplay of live human beings in the thundercloud of a common crisis. Some mystery should be left in the revelation of character in a play, just as a great deal of mystery is always left in the revelation of character in life, even in one's own character to himself. [...]
The following scene should be played with great concentration, with most of the power leashed but palpable in what is left unspoken.)
Who else's suggestion is it, is it *yours*? How many other thought that Skipper and I were –

BIG DADDY *(gently)* Now hold on, hold a minute, son – I knocked around in my time.

BRICK What's that got to do with –

[...]

Tennessee Williams: Cat on a Hot Tin Roof. Stuttgart, Reclam, 1997, Seiten 114 bis 116

Questions on the text

1. *Analyse the significance of this extract for the development of Brick's relationship with Big Daddy. Give a brief account of what happens before and after this scene!*

2. *Take a closer look at the pattern of conversation and the stage directions. What do they reveal about Brick's state of mind? Which images used in the play support your ideas?*

Tipps zur Herangehensweise

Die Fragen setzen voraus, dass man mit dem Text vertraut ist, und können nicht nur aus dem angegebenen Textabschnitt heraus beantwortet werden. Die erste Frage enthält eine Zusammenfassung, hier ist es vor allem wichtig, sich auf das (für die Fragestellung) Wesentliche zu beschränken. Die Frage nach der Signifikanz des Textabschnitts ist in sich mehrgliedrig: Welche Fäden laufen hier zusammen? Welche entscheidenden Entwicklungen finden hier statt oder lassen sich erahnen? Werden offene Fragen beantwortet, neue aufgeworfen?

Erwartungshorizont

Frage 1

- Brick and Big Daddy are trying to have a conversation on the evening of the birthday party
- Brick has been trying to avoid it, but his father has proved persistent – he refused to give Brick something to drink unless he answered him a question: Big Daddy wanted to know the reason for Brick's drinking problem (l.4)
- in this scene „Brick's detachment is ... broken through" (l. 17)
- Brick is about to tell his father the story about Skippers death, he will be confronted with different views about it and will in return confront his father with the fact that his cancer is terminal
- So far Brick has claimed to drink because of "disgust" with "mendacity" (l. 1), but it turns out that there is more to it – does he need his detachment to detach himself from his feelings?
- Maggie seems to have distrusted Brick's friendship with Skipper (l. 16) and suggested that there might have been a homosexual side to it
- she obviously was not the only one who thought so (l. 12 – 16)
- Skipper's death was when Brick started to drink

Frage 2

- At first Brick is trying to escape, he tries to leave (startled movement, reaching for his crutch (l. 6f) or at least evade questions.
- "Silence for five beats" is a turning point – Brick starts asking back, but still wants to leave ("shuffle and clop away from..." l. 10–11)
- until he realizes he cannot escape any longer (as if backed to a wall l. 14)
- In his next stage direction, Willams offers an analysis of both Brick's character and some major themes in his play: Brick's collapse, his drinking, the mendacity, the question of the nature of the friendship with Skipper, the problem of keeping face etc.
- An essential motif or symbol is the crutch – without it he cannot move properly, he is not the strong man he appears to be, Maggie and Big Daddy take his crutch away, i.e. weaken him further.

M2 Patrick Marber Closer

Text (Act I, Scene 6)

[...]

Alice enters. She is wearing the black coat from Scene One, plus her rucksack from the same scene.

Alice I'm *going.*

Dan I'm sorry.

Alice **Irrelevant.** What are you sorry for?

Beat

Dan Everything.

Alice Why didn't you tell me before?

Beat

Dan Cowardice.

Alice Is it because she's clever?

Dan No, it's because ... she doesn't need me.

Pause

Alice Do you bring her here?

Dan Yes.

Alice She sits here?

Dan Yes.

Beat

Alice Didn't she get married?

Dan She stopped seeing me.

Beat

Alice Is that when we went to the country? To celebrate our third anniversary?

Dan Yes.

Alice **At least have the guts to look at me.**

Dan looks at her.

Alice Did you phone her? To beg her to come back? When you went for your 'long, lonely walks'?

Dan Yes.

Alice You're a piece of shit.

Dan Deception is brutal, I'm not pretending otherwise.

Alice How ...? How does it work? How can you do this to someone?

Silence

Dan I don't know.

Alice Not good enough, I'm going.

Dan prevents her from leaving.

Dan It's late, it's not safe out there.

Alice And it's safe in there?

Dan What about your things?

Alice I don't need 'things.'

Dan Where will you go?

Alice I'll disappear.

Larry enters, having had his shower. He is wearing a dressing gown. He hands Anna a shoe box.

Larry 'The Sultan' has returned bearing gifts.

Anna opens the box and takes out the shoes.

Dan moves towards Alice.

Alice DON'T COME NEAR ME.
Change your mind. Please, change your mind. Can I still see you? Dan ... can I still see you? **Answer me.**

Dan I can't see you. If I see you I'll never leave you.

Beat

Alice What will you do if I find someone else?

Dan Be jealous.

Beat

Alice Do you still fancy me?

Dan Of course.

Alice shakes her head.

Alice You're lying. I've been 'you.'

Alice stars to cry.

Hold me?

Dan holds her.

I amuse you but I bore you.

Dan No. No.

Alice You did love me?

Dan I'll always love you. You changed my life. I hate hurting you.

Alice So why are you?

Dan Because ... I'm selfish and I think I'll be happier with her.

Alice You won't, you'll miss me. No one will ever love you as so much as I do.

Dan I know.

Pause

Alice Why isn't love enough? I'm the one who leaves. I'm supposed to leave you. I'm the one who leaves.

Alice kisses Dan. He responds. She breaks.

Make some tea ... Buster.

Dan exits.

Patrick Marber: Closer. Grove Press, New York, 1997, Seiten 50 – 54

Questions on the text

1. *Characterize Dan as he is presented in this excerpt of the play.*
2. *Give reasons why Dan's relationship with Alice breaks down.*

Tipps zur Herangehensweise

Zentral für die Bearbeitung ist die Charakterisierung der Protagonisten. Grundsätzlich unterscheidet man zwischen expliziter und impliziter Charakterisierung von Personen:

- explizit: direkte Aussage (des Erzählers oder der Figuren) über eine Figur, z.B. Dan: „I'm selfish" (Z. 67).
- implizit: Aussagen oder Handlungsweisen von Figuren werden interpretiert; der Leser zieht Schlüsse aus dem Verhalten der Figuren, z.B. Dan: „ I hate hurting you" (Z. 65) fürsorglich (er will Alice nicht verletzen), aber auch egoistisch (er tut es trotzdem).

In diesem Text ist die implizite Charakterisierung von enormer Bedeutung. Da man bei dieser Form stark interpretieren muss, ist es unerlässlich, die Schlussfolgerungen zu begründen, denn eine auf den ersten Blick befremdende Interpretation kann durch eine plausible Begründung durchaus „ins rechte Licht gerückt" werden.

Erwartungshorizont

Aufgabe 1

- egoistic, selfish: he thinks about himself most of the time, about his own well-being:
  - he did not think about Alice when he betrayed her with Anna, but now he is sorry (l. 4, l)
  - he brought Anna to the place where he lives with Alice (ll. 14 ff.)
  - he leaves Alice because he thinks he will be happier with Anna (l. 67)
- at the same time, he is caring: he worries about Alice's safety (ll. 36 ff.)
- he is a coward: he avoids conflicts; he neither faces nor solves problems (ll. 10 ff.)
- he does not make up his mind, he has difficulties to make decisions: he gives in to Alice and kisses her back although he wants to leave her, for example (ll. 47 ff., l. 73)
- he is immature (cf. above)
- he wants to be independent (cf. l. 12), but at the same time he is emotionally dependent: he does not manage to keep a clear distance between himself and Alice although he wants to split up with her (ll. 50 ff.): he is afraid of being alone

Aufgabe 2

- lack of honesty and trust: both do not commit themselves fully to their relationship
- betrayal, unfaithfulness
- both do not strive to solve problems: they are living in a vicious circle: new partner, old problems
- Dan: lack of responsibility; search for adventure and independence
- both avoid talking and dealing with their real selves; both do not want to be hurt and thus strive to avoid pain and to protect themselves, whatever the cost (finally: the breakdown of their relationship); both are not willing to make it through difficulties or difficult times in their relationship

3.1.3 Short Story

M 1 Mary Dilworth The Factory

I have always hated the factory. It has a gaunt steel frame like a skeleton. I've often imagined it without its red bricks, just an etching of black against a red sky.

Of course, I've never said anything about this to anyone. Especially to Eric. You see, he loves the factory. He would like to put up his sign in those flashing neon lights that the city firms can afford. He saw a rainbow once over a petrol station there. I think he would have sold almost anything to have one of those on his roof.

Every day he is up early. He sings in the shower and eats his breakfast quietly. He always reads the business section of the newspaper, then quarters it neatly.

His days are like that. In four parts.

The first is the morning, which I've mentioned. Then there's the day at the factory. That's in two: the morning and the afternoon.

He uses the telephone to tell me when it's time for lunch. Just two rings. That's his code. Then five minutes later he's at the door, letting himself in.

He reads at lunch, usually one of the classics. He didn't have much education.

In fact, that's why I met him. We worked at the same factory, ten miles out of town. It manufactured shoes and boots. I was the boss's secretary, and Eric worked the floor.

I'll always remember that first day. He was nervous, tried not to show it, but his hands shook. His hair was brown, his eyes were brown, and the factory overalls were brown. He almost faded into the background of brown leather shoes. Which was quite funny at the time.

But I was describing his day. And he's not brown any more. Streaks of gray and a balding patch which he rakes over, spreading the hairs thinly across is. And he wears a suit. Usually gray, with a red handkerchief in the pocket. I suppose his eyes are still the same color, but I can't tell you. If you asked me, I just couldn't tell you. I did notice they were red tonight, which was unusual, but then the whole day was different. As though the four quarters came together and just rolled away.

I could draw the second half of his day with my eyes closed.

In the afternoon, he has a cup of tea in his office, then he works until six o'clock.

Two rings on the telephone mean he's coming home for dinner. He has a good appetite and enjoys his food.

In the evening he likes quiet. He always says that after such a busy day at the factory, he needs to sit and think. Which he does, with his eyes closed, his elbow on the chair, and his thumb and one finger pressed against his forehead. Or sometimes he just sits and stares into space.

Eric always goes to bed early. He feels fresh then for the next day.

But now the next day won't come. It won't be Eric's day, and his eyes are red. I've never seen him cry before.

I said this day was different. It's night now, and soon the dawn will come. In the night, the sky was red. A brilliant red. That was beautiful. Black against red. Like a devil with horns or the final crashing chords of a great concerto.

I loved it. Black skeleton of steel in a fiery night. Of course the fire brigade came. I didn't call them. It was beautiful just watching the sky burning. I don't think I will ever forget it. Eric was asleep.

They came to tell us soon as they arrived. Eric knew straight away it was all over.

I love the night. Sometimes I stay up for hours, savoring it. The stars and that great arc of sky. The immense pattern, the changing moods of wind.

Tonight it was special. It was different. And I feel very tired. But happy. An exhilarated feeling, a prickling right down my spine.

Nobody knows how the fire started. Accidental, they say. It happens all the time.

Mary Dilworth: The Factory. In: Thomas Tepe (Hrsg.): 21 Short Stories. Klett-Verlag, Stuttgart, 1995, Seiten 27 – 29

Questions on the text

1. *Characterize the husband.*
2. *Characterize the relationship between the couple.*
3. *Comment on the narrative perspective used in this text and determine its effect. Take the tone of the story into consideration.*

Tipps zur Herangehensweise

Aufgaben zur „narrative perspective" beinhalten in der Regel auch die Frage nach der Wirkung der jeweiligen Erzählperspektive. Dieser Fragetypus lässt sich für die Abiturprüfung sehr gut vorbereiten, da die Wirkung der jeweiligen Erzählperspektive im Grunde immer dieselbe ist. Die eigentliche Herausforderung besteht darin, dieses „Wissen" an unbekannten Texten richtig anzuwenden und mit entsprechenden Textstellen plausibel zu begründen.

Gleiches gilt für den „tone" eines Textes: Auch hier kommt es darauf an, die jeweiligen Erkenntnisse zur Stimmung im Text mit entsprechenden Textstellen überzeugend zu belegen.

Erwartungshorizont

Aufgabe 1

- the husband's name is Eric
- he loves the factory, which means his work and his workplace
- he fantasizes about owning the factory because he would like to put up a flashy sign that tells everybody that the factory belongs to him (in fact, the factory does not belong to him, otherwise he would have bought the sign: "he would have sold almost anything to have ...")
- he is a very disciplined man and sticks to his daily routine:
  - he gets up early every day
  - every day he sings in the shower: for him being happy is part of his daily routine, too – he does not sing during the day or spontaneously
  - every day he eats his breakfast quietly: he does not talk to his wife, instead he reads the business section of his newspaper – he wants to be important
  - at lunch, he does the same: He reads a classic book and again does not talk to his wife; he seems to have lost interest in her; he wants to educate himself, because he did not have much education when he was young; that might also be the reason why he wants to be important (cf. above)
  - every day he calls his wife to tell her that it is time for lunch; again he does not talk to her on the phone, but lets the phone ring twice as his "code" – he might be thrifty, even mean
  - same procedure in the evening

- he likes quietness: he does not want to be disturbed; this can also be seen as a hint that he wants to control everything, that he wants to be in control – everything that could distract him (like sounds or noise) is kept outside
- when he and his wife met, he used to be different:
  - at that time, he was a simple worker
  - he was nervous: obviously, he lacked self-confidence
  - he "almost faded into the background": he was not attractive, rather invisible
- now he is a white-collar worker, which means he has had some success and has climbed the ladder

→ the story is about the husband, about his daily routine; there is no information given about the narrator's/the wife's day: her day seems to be determined by **his** routine

Aufgabe 2

- lack of honesty: she has never told her husband that she hated the factory (l. 3)
- they do not talk (much) to each other, no conversation is taking place (l. 7 f., l. 30 ff)
- they strictly follow their daily routine (l. 9 ff.)
- they have different educational levels (l. 16 f.)
- lack of intimacy: they do not really know each other, each other's feelings, thoughts, etc.
- for the reader it is hard to imagine that there is still love between them:
  - she does not know his eye colour any more (l. 22 f.): she has lost interest in him
  - they hardly look at each other which used to be different (l. 24 f.)
  - he does not show any feelings or emotions, except when the factory burns down (l. 35 ff.)
- the wife hates the factory because she thinks that it takes her husband away from her

→ fire: her escape: he "loses" his day: she "wins" in the end, gets her freedom, her husband back

Aufgabe 3

- narrative perspective:
  - I-narrator, involved in the story: the wife tells the story
  - limited point of view: observes what her husband is doing, but does not know anything about his "inside", his feelings, emotions, etc.
- effect:
  - reader empathizes with the narrator, the wife (all the more because she does not judge him, at first glance)
  - she seems to be balanced, unbiased, not exaggerating → story/account seems to be true
  - atmosphere of the relationship can be felt: no warmth, no exchange of thoughts, feelings and ideas, no kind gestures, etc.
  - emotions of the narrator are revealed at the end of the story: relief for the reader because the reader identifies with the narrator
  - reader is left with the feeling that she might have lit the fire
- tone:
  - hints of contempt, disgust (cf. opening sentence: "I have always hated…")
  - parts are rather neutral, like an unbiased account of an objective observer (e.g. l. 20 ff.)
  - end of the story: happy tone, the narrator seems to be stunned by s.th. beautiful (l. 44 ff.)

→ the reader is somehow trapped: he identifies with the narrator, but the more the reader thinks about the story the more he asks himself if the narrator is reliable:
  - Did the narrator light the fire?
  - Why would the narrator want to keep her husband all for herself?
  - Why did the narrator think that "getting rid" of the factory would be the only way to get her husband back?
  - Did the narrator get her husband back at all?

3.1.4 Novel

M 1 Nick Hornby About a Boy

"Where are your shoes?" she shrieked when he came home. (...) He looked at his feet, and for a moment he didn't say anything: he toyed with the idea of acting all surprised and telling her he didn't know, but he quickly realized she wouldn't belive him.
"Stolen," he said eventually.
"Stolen? Why would anyone steal your shoes?"
"Because..." He was going to have to tell the truth, but the problem was that the truth would lead to a whole lot more questions. "Because they were nice ones."
"They were just ordinary black slip-on shoes."
"No, they weren't. They were new Adidas trainers."
"Where did you get new Adidas trainers from?"
"Will bought them for me."
"Will who? Will the guy who took us out to lunch?"
"Yeah, Will. The bloke from SPAT. He's sort of become my friend."
"He's sort of become your friend?"
Marcus was right. She had loads more questions, except the way she asked them was a bit boring: she just repeated the last thing he said, stuck a question mark on the end of it and shouted.
"I go round his flat after school."
"YOU GO ROUND HIS FLAT AFTER SCHOOL?"
Or: "Well, you see, he doesn't really have a kid."
"HE DOESN'T REALLY HAVE A KID?"
And so on. Anyway, at the end of the question session he was in a lot of trouble, although probably not as much trouble as Will.
Marcus put his old shoes on, and then he and his mother went straight back to Will's flat. (...)

[At Will's flat:]
"OK," Fiona was saying. "Now what the hell are these little after-school tea parties about?"
"I'm sorry?"
"Why would a grown man want to hang out with a twelve-year-old boy day after day?"
(...)
Will lost his temper. He went red in the face and started shouting very loud. "I don't have any fucking choice, do I? Your son comes round fucking uninvited every night. Sometimes he's pursued by gangs of savages. I could leave him outside to take his chances, but i've been letting him in for his own safety. I won't fucking bother next time. Sod the pair of you. Now, if you've finished, you can piss of."
"I haven't finished yet, actually. Why did you buy him a pair of expensive trainers?"
"Because ... because look at him." They looked at him. Marcus even looked at himself.
"What's wrong with him?"
Will looked at her. "You haven't got a clue, have you? You really haven't got a clue."
"About what?"
"Marcus is being eaten alive at school, you know. They take him to pieces every single fucking day of the week, and you're worried about where his trainers come from and whether I'm molesting him."

Marcus suddenly felt exhausted. He hadn't properly realized how bad things were until Will started shouting, but it was true, he really was being taken to pieces every single fucking day of the week.
(...)

"Marcus is doing fine," his mother said. At first he didn't belive she'd said it, and then when he'd had a chance to listen to the words ringing in his ears, he tried to find a different meaning for them. Maybe there was another Marcus? Maybe there was something else he was doing fine at, something he'd forgotten about? But of course there was no other Marcus, and he wasn't doing fine at anything; his mum was just being blind and stupid and nuts.

Nick Hornby: About a Boy. Penguin, London, 2000, Seiten 127–130

Questions on the text

1. *Characterize the mother-son relationship and Fiona's educational principles up to chapter 17. What changes in this chapter and the following course of the novel?*

2. *What is the difference between Fiona and Will in respect of Marcus's education?*

3. *Describe Will's development in the course of the novel and explain why this scene is some kind of 'milestone'.*

Erwartungshorizont

Aufgabe 1

Fiona:

- she is a hippie: she still lives in the 60s, has not yet "arrived" in the 90s: old-fashioned
- she follows the principles of the hippie movement: liberal attitude, politically left-wing, self-realization as main goal in life
- at the same time traditional: raises Marcus in a quite strict way (he has to follow her ideals: she is a vegetarian, so Marcus has to be a vegetarian, too; she likes Joni Mitchell's music, so Marcus has to like it, too)
- she wants Marcus to become a responsible, environmentalist, free, self-confident, independent adult
- she knows she should be a role model, but cannot cope with this task because of her problems:
  - she suffers from depressions → she lacks the energy to cope with everyday life → suicide attempt
  - she is divorced, single mum: she feels guilty because she would like to offer Marcus more, more money, more time, etc. → tries to compensate her shortcomings with love, partly exaggeratedly demonstrative (she kisses Marcus goodbye in front of his fellow pupils)
- most important aspect: fails to realize her son's problems: does not understand that her child's perspective differs from her own

Marcus:

- responds to his mother's love: he trusts her fully, although he does not feel comfortable to tell her about his problems
- (however, it seems that Marcus does not fully understand how acute his problems are)
- his mother's suicide attempt was a terrible blow to him:
  - he takes on responsibility for her: he does not tell her about his problems because he does not want to endanger his mother's stability

  - → does not behave as a normal teenager, but as an adult
  - this experience leads to a sense of alienation, of grief and loss
  - he constantly fears that she could try to commit suicide again

chapter 17: turning point:

- Fiona realizes that Marcus has got acute problems for the first time, although at first she does not want to open her eyes
- Marcus realizes how little Fiona understands him and his situation

from this moment on:

- Fiona tries to understand Marcus more and to take better care of him
- she finally accepts that they need friends, that Will is good for Marcus
- she thus reduces the pressure on herself which is important for her to gain more stability

3

Aufgabe 2

Fiona's educational principles:

- see above

Will:

- he is trendy, modern, cool, knows what is "in", does not live in past times
- he understands Marcus's problems, knows that Marcus's mother cannot really help her son
- he teaches Marcus how to be cool, how to be a real teenager (Will himself is more a teenager than an adult)
- because of Will Marcus becomes aware of the extent of his difficulties and is introduced to a new perspective, philosophy and way of coping with problems
- Will supports Marcus better than Fiona

Aufgabe 3

in the beginning:

- "a man is an island": Will is determined to keep distance, not to get involved → he is an observer
- when he gets to know Marcus (who penetrates Will's "island" world) he develops a feeling of owing something to him
- but: torn between these feelings

chapter 17:

- becomes involved in Marcus's and Fiona's family life:
  - he opens Fiona's eyes for Marcus's situation and thus takes on responsibility for Marcus
  - at the same time he does not want to care, says that he had no choice but to take care of Marcus in the first place, wants to end their relationship now (ll. 29–33)

following chapters:

- he realizes that Marcus is the most interesting thing in his life, not only because the boy keeps him busy, structures his life and gives his life a certain rhythm
- he becomes dependent and his feeling of responsibility becomes stronger and stronger

in the end:

- he feels like a real human, he is no longer an observer

3.2 Sachexte

3.2.1 Themenbereich *Politics*

M 1 **Dear Clark County voter, Give us back the America we loved. Yours sincerely, John Le Carré**

Three prominent Britons hit the campaign trail

Maybe there's one good reason – just one – for re-electing George W. Bush, and that's to force him to live with the consequences of his appalling actions, and answer for his own lies, rather than wish the job on a Democrat who will then get blamed for his predecessor's follies.

Probably no American president in all history has been so universally hated abroad as George W. Bush: for his bullying unilateralism, his dismissal of international treaties, his reckless indifference to the aspirations of other nations and cultures, his contempt for institutions of world government, and above all for misusing the cause of anti-terrorism in order to unleash an illegal war – and now anarchy – upon a country that like too many others around the world was suffering under a hideous dictatorship, but had no hand in 9/11, no weapons of mass destruction, and no record of terrorism except as an ally of the US in a dirty war against Iran.

Is your president a great war leader because he allowed himself to be manipulated by a handful of deluded ideologues? Is Tony Blair a great war leader because he committed Britain's troops, foreign policy and domestic security to the same hare-brained adventure?

You are voting in November. We will vote next year. Yet the outcome in both countries will in large part depend on the same question: how long can the lies last now that the truth has finally been told? The Iraq war was planned long before 9/11. Osama provided the excuse. Iraq paid the price. American kids paid the price. British kids paid the price. Our politicians lied to us.

While Bush was waging his father's war at your expense, he was also ruining your country. He made your rich richer and your poor and unemployed more numerous. He robbed your war veterans of their due and reduced your children's access to education. And he deprived more Americans than ever before of healthcare. Now he's busy cooking the books, burying deficits and calling in contingency funds to fight a war that his advisers promised him he could light and put out like a candle.

Meanwhile, your Patriot Act has swept aside constitutional and civil liberties which took brave Americans 200 years to secure, and were once the envy of a world that now looks on in horror, not just at Guantanamo and Abu Ghraib, but at what you are doing to yourselves.

But please don't feel isolated from the Europe you twice saved. Give us back the America we loved, and your friends will be waiting for you. And here in Britain, for as long as we have Tony Blair singing the same lies as George Bush, your nightmares will be ours.

(John Le Carré is a novelist)

David Cornwell, in: Guardian, Wednesday October 13, 2004
http://www.guardian.co.uk/print/0,,5037839-103680,00.html [Dezember 2006]

Questions on the text

1. *What are Le Carré's reasons for opposing George W. Bush?*

2. *Why did Le Carré "hit the campaign trail" and wrote an open letter to the voters in Clark County, Ohio?*

Tipps zur Herangehensweise

Sie entnehmen der Angabe oder wissen vielleicht ohnehin, dass John Le Carré ein Romanautor ist. Insofern handelt es sich um eine Sonderform eines Sachtextes – ein berühmter Autor nimmt zu einem – zum Zeitpunkt der Veröffentlichung – sehr heißem Thema Stellung. Wenn Sie eine solche Angabe zum Autor vorliegen haben, sollte das in ihre Antwort eingehen! Außerdem handelt es sich damit offensichtlich um eine persönliche Stellungnahme, nicht um einen neutralen Text.

Erwartungshorizont

Aufgabe 1:
In Le Carre's opinion Bush pushes through his own interest and doesn't take international agreements and institutions into consideration:

- uses his power as the leader of the mightiest nation for pushing through his own interests
- hated abroad
- did not sign treaties concerning the worldwide problems, does not cooperate with institutions of world government
- does not take an interest in the hopes and interests of other countries
- started an illegal war pretending to fight terrorism, lied to the people
- influenced by ideologies, does not make his own decisions
- ruined the US in economic respect – deep rift between rich and poor, fewer and fewer Americans have access to education and healthcare
- cut people's civil right with the Patriot Act

Aufgabe 2:
Le Carré tries to influence the voters in Clark County, Ohio, because as a swing state they are crucial for the result of the election:

- he wants them to not vote for Bush again.
- aim is to wake up Americans and to open their eyes by telling the truth about the problems Bush has caused during his last legislature
- about the likely consequences of his reelection
- about the US' position in the world (l 5, l 28/29: „that now looks on in horror, (...) at what you are doing to yourselves!)
- the result of the election has an impact on Europe and Britain
- he wants to have back the America he once loved – the country which used to be a great example for securing constitutional and civil liberties

M2 Blair: anti-Americanism is madness

Tony Blair today described anti-Americanism across Europe as "madness", although admitted the US could be a "difficult friend to have". In a speech in the Australian parliament overshadowed by his remarks about making a "mistake" in announcing his retirement early, the prime minister paid tribute to the Australians for joining in the "global struggle" against terror, likening it to their joining the war against the Nazis. And Mr Blair reminded his audience that he spent three years of his childhood, aged two to five, living in Adelaide, and that the country was the inspiration for his "Britain is a young country" speech early in his premiership.

Last night's speech to the Canberra parliament was the second in a series of three billed by Downing Street as major setting out of foreign policy thinking. The third will be in Indonesia, where the PM travels next. Mr Blair told the Australian House of Representatives: "I do not always agree with the US. Sometimes they can be difficult friends to have. But the strain of, frankly, anti-American feeling in parts of European and world politics is madness when set against the long-term interests of the world we believe in. The danger with America today is not that they are too much involved. The danger is they decide to pull up the drawbridge and disengage. We need them involved. We want them engaged."

Mr Blair staunchly defended his policy on Iraq – which Australia's conservative PM John Howard supported – saying: "If the going gets tough, we tough it out." And he repeated his call for a global struggle of ideas and values against the worldwide threat of Islamic terrorism, stressing the importance of international alliances. He also used the speech to signal a fresh bid to revive the Middle East peace process after the Israeli elections on April 9 – an issue he is expected to tackle in America next month.

"The reality is that none of the problems that press in on us can be resolved or even contemplated without them. Our task is to ensure that with them we do not limit the agenda to security. If our security lies in our values, and our values are about justice and fairness as well as freedom from fear, then the agenda must be more than security and the alliance include more than America." He added: "Once the Israeli election has taken place, we must redouble our efforts to find a way to the only solution that works – a secure state of Israel and a viable, independent Palestinian state."

Mr Blair again stressed his belief that democracy and human rights should not be assigned as western values, saying: "To win we have to win the battle of values as much as arms, we have to show these are not western still less American or Anglo-Saxon values, but values in the common ownership of humanity, universal values that should be the right of the global citizen – this is the challenge. Raged against us are the people who hate us, but beyond them are many more who don't hate us but question our motives, our good faith, our even-handedness, who could support our values but believe we support them selectively. These are the people we have to persuade. They have to know this is about justice and fairness as well as security and prosperity. And in truth, there is no prosperity without security and no security without justice. That is the consequence of an interconnected world – that is why we cannot say we are an open society and close our markets to the trade justice the poorest of the world demand."

On Iraq, Mr Blair told the parliament: "I know the Iraq war split this nation as it did mine, and I have never disrespected those who disagreed with me over it." But he warned: "We must not hesitate in the face of a battle utterly decisive in whether the values we believe in triumph or fail. If the going is tough, we tough it out. This is not a time to walk away. This is a time for the courage to see it through." [...]

Matthew Tempest and agencies, in: Guardian, March 27, 2006

Questions on the Text

Read all the questions first. Then answer them in the given order. Leave enough space for your later additions and your teacher's corrections. Use your own words as far as possible and appropriate.

1. *What were the reasons for Mr Blair's speech in the Australian parliament?*

2. *Explain why anti-Americanism is madness, according to Tony Blair. Take his understanding of 'values' into consideration!*

Erwartungshorizont

Aufgabe 1

- first of all: Blair thanked the Australians for participating in the worldwide fight against terror
- major setting out of foreign policy thinking:
  - he does not always agree with the US
  - still: defence of Iraq policy: repeated his call for a "global struggle of ideas and values against the worldwide threat of Islamic terrorism, stressing the importance of national alliances"
- he also offered to revive the Middle East peace process after the Israeli elections in April (2006)
- (tried to connect with the Australians on a personal and emotional level by reminding his audience that he had spent three years of his childhood living in Adelaide)

Aufgabe 2

- considering Europe's and the world's long-term interests, America is needed, because no urgent problem can be solved without America
- the fact that America could decide to withdraw and to extricate themselves from the global struggle against terrorism poses a threat to the world and Europe
- values: security lies in values; values are about justice, fairness, freedom from fear; democracy and human rights are not only Western values, but common values and universal rights that should be the right of every global citizen
- thus those people who doubt the motives of the members of the alliance should be persuaded
- no prosperity without security, no security without justice
- political agenda must contain more aspects than security only; alliance in the global struggle against terrorism must contain more countries than America
- only solution that works will include a secure state of Israel and a viable, independent Palestinian state; way to achieve this solution must be found
- Blair defends America's role; justifies their actions by saying that their goals / motives are the right ones

3.2.2 Themenbereich *Media*

M 1 Escaping the Cyber-Slums

Data indicate that many who turn to the Internet for pornography or social contact do so because they consistently fail to succeed socially in their own world. These individuals generally fall into one of two categories: the socially inept and the "not-so-beautiful".
First, there are the socially inept. These are individuals who never mastered how to get along with others. When they were young, they often preferred playing computer games or doing other solitary activities. In some cases, they wanted to play with everyone else but were excluded. In their pre-teens or even earlier, these children were joining the ranks of the "at-risk" for later Internet involvement. The second group who fail socially and are therefore at risk for Internet use are those not considered "beautiful" – they lack the physical attractiveness or money that would give them a fighting chance in many social circles. Despite being thoughtful, deep people with nice characters, these men and women have usually suffered repeated social rejection.
Men in this category are sometimes attracted to Internet pornography because it gives them a brief – albeit depraved – opportunity to leave their painful, lonesome reality. Loneliness can be excruciating, and these men are so desperate to escape their solitary lives that they use the Internet like a sort of hallucinogenic drug. After the fantasy, the return to reality is even more painful, and then these men often feel terribly guilty too; but until they find real companionship, they are likely to return to the net again and again.
Women who lack physical attractiveness or money are sometimes attracted to the Internet because the medium conceals their "appearance". While mainstream dating requires that people first reveal their physical profile or wealth, and only then get to know each other, the virtual world of the web seems to offer the opportunity first to get to know someone and only afterward discover these less intrinsic details. In theory, this should tip the scales in favor of nice-but-ordinary-looking, or nice-but-poor women.
The assumption is dangerously naive, however, since so many Internet relationships are built on deception and misrepresentation. Children pretend to be adults, adults pretend to be children, men pretend to be women and vice-versa, and people lie about their religion, background and accomplishments. In one survey, more than a quarter of those who socialized using email or instant messaging admitted to lying about their identity. Not surprisingly, disappointment and heartbreak are commonplace in Internet romance. This is not to mention those beastly predators who go online specifically to lure unsuspecting individuals to personal meetings and then victimize them.
We can teach our children about the cyber-street and about the hucksters and criminals who live there. This could lessen the Internet's attractiveness as a forum for meeting friends and partners. An even more significant step in reducing our children's vulnerability would be to teach children and students to value personal refinement and integrity at least as much as they value physical appearance or money.
The challenges and threats posed by the Internet leaves us no option but to strengthen family ties and teacher-student relationships; to stress in our educational approach and behavior the essential greatness of being human; to encourage questions and open discussion, especially about issues related to sexuality and religion; and to raise a generation who will seek marriage partners who are above all emblems of refinement and integrity. Parents and teachers who recognize these challenges can adjust to modernity and raise a heroic generation. Those who fail to see this hairpin turn in the path towards normalcy could lead their children and students over a disastrous precipice.

Lawrence Kelemen in: Judaism online, July 2004, adapted
Fundstelle auch: http://www.aish.com/societyWork/society/Escaping_the_Cyber-Slums.asp

Questions on the text

1. *Characterize the two groups of people who are typically drawn to the Internet and explain why this is the case.*

2. *What are men and women looking for in the net and what are the consequences?*

3. *What does the author suggest to protect children against the dangers of the Internet?*

Erwartungshorizont

3

Aufgabe 1

two groups: „the socially inept and the not so beautiful" (l. 3)

- first group:
  - people who do not get along with others
  - as children or teens already prefered computers to other people, liked to play on their own or were excluded at some stage
  - in their pre-teens or earlier later Internet involvement became predictable
- second group:
  - physically less attractive
  - not enough money
  - nice people, interesting characters, still socially rejected
- both groups turn to the Internet for social contact or pornography
- because they are not socially successful in the real world

Aufgabe 2

- escape loneliness
- Internet (pornography, especially for men – according to the text) as drug, fantasy
- real life is even more painful to bear in contrast to fantasy (l. 16)
- people often feel guilty
- but still addictive, at least until real companionship is found
- Internet conceals personal flaws (looks, lack of money), you can be someone else
- illusion that you can get to know someone first and then find out about looks or wealth
- however, Internet relationships are often based on deception (l. 26)
- people pretend to be somebody else
- lies (more than 25 %) led to disappointment and heartbreak
- new field of criminality: Internet victims (l. 31)

Aufgabe 3

- supply children with information about the dangers, about criminal activities
- according to the author, the Internet might become less appealing as a place for social contact
- social education, strength of family
- moral values instead of appearance reduce vulnerability
- encourage questions, speak openly about sexuality and religion

M2 The Porn Factor

In a Friends episode titled "The One With Free Porn", Chandler and Joey discover to their delight a-free pornography TV channel, which they leave on and watch endlessly for fear it will go away. Later, a startled Chandler reports to Joey, "I was just at the bank, and there was this really hot teller, and she didn't ask me to go do it in the vault." Joey describes a similar cold shoulder from the pizza-delivery woman. "You know what?" Chandler concludes. "We have to turn off the porn."

Chandler maybe on to something. Call it the porn factor. Whereas pornography was once furtively glimpsed at dimly lighted newsstands or seedy adult theaters, today it is everywhere. It pours in over the Internet, sometimes uninvited, sometimes via eagerly forwarded links. It titillates 24/7 on steamy adult cable channels and on-demand services (a pay-per-view reality show *Can You Be a Porn Star*? made its debut on U.S. TV last month). It has infiltrated mainstream cable with a documentary series *Pornucopia: Going Down in the Valley* soon to appear on America's HBO channel. And in ways that have only begun to be measured, it is coloring relationships, both long- and short-term, reshaping expectations about sex and body image and, most worrisome of all, threatening to alter how young people learn about sex.

In recent years, a number of psychologists and sociologists have joined the chorus of religious and political opponents in warning about the impact of pervasive pornography. They argue that porn is transforming sexuality and relationships for the worse. Experts say men who frequently view porn may develop unrealistic expectations of women's appearance and behavior, and have difficulty forming and sustaining relationships and feeling sexually satisfied. Fueled by a combination of access, anonymity and affordability, online porn has catapulted overall pornography consumption. According to Alvin Cooper, who conducts seminars on cybersex addiction, 15 % of online-porn habitués develop sexual behavior that disrupts their lives. "The Internet is the crack cocaine of sexual addiction", says Jennifer Schneider, co-author of *Cybersex Exposed: Simple Fantasy or Obsession?*

Porn doesn't just give men bad ideas; it can give kids the wrong idea at a formative age. Whereas children used to supplement sex education by tearing through National Geographic in search of naked aboriginals and leafing through the occasional Penthouse they stumbled across in the garage, today many are confronted by pornographic images on a daily basis. In a 2001 poll by the Kaiser Family Foundation, 70 % of 15- to 17-year-olds said they had accidentally come across pornography online. Older teens may be aware of the effects of such images: 59 % of 15-to-24-year-olds told the pollsters they believe seeing porn on the Internet encourages young people to have sex before they are ready; 49 % said it promotes bad attitudes toward women and encourages viewers to think unprotected sex is O.K. "Pornography is affecting people at an increasingly young age," says sociologist Diana Russell, who has written several books on the subject. "And unfortunately for many kids growing up today, pornography is the only sex education they'll get."

Because children learn sexual cues early, boys may train themselves to respond only to images shaped by porn stars, while girls may learn that submission and Brazilian bikini waxes are the keys to pleasing men. Recent studies show a correlation between increased aggressiveness in boys and exposure to pornography, and a link between childhood use of porn and sexually abusive behavior in adulthood. "It's not easy to shock me," says Judith Coché, a therapist in Philadelphia who has been in practice for 25 years. "But one 11-year-old girl's parents discovered their daughter creating her own pornographic website because it's 'cool' among her friends." As such incidents multiply, more people – parents especially – may come to Chandler's conclusion: we have to turn off the porn.

Pamela Paul in: TIME Magazine, February 2, 2004, adapted

Questions on the Text

1. *How does the author introduce her article? What are her intentions?*
2. *What are the effects of the „porn factor"?*
3. *How does pornography influence children or teens?*

Erwartungshorizont

Aufgabe 1

(ll. 1 – 6)

- author quotes well-known series „Friends", episode „The one with free porn"
- attracts readers' attention by mentioning popular series
- comic introduction to serious topic
- characters of series parodize people whose perception of reality is shaped by ridiculous porn plots
- main point of article is influrce of pornography on real life

Aufgabe 2

(ll. 7 – 25)

- porn is freely available and omnipresent,
- especially Internet pornography – enourmous increase in consumption in recent years, anonymity and free links make it even more accessible
- effects are beginning to be measureable
- influences relationships, both long- and short-term
- shapes expectations about sexuality and appearance
- psychologists and sociologists warn about negative impact on relationships and sexuality
- men may develop unrealistic ideas about women and thus have difficulties forming real sexual relationships
- cybersex addiction seminars have become necessary

Aufgabe 3

(ll. 26 – 46)

- young people get the wrong ideas at an age important for development and sexual education
- pornography is easily accessible for children, too, in former times they got hold of it only occasionally and secretly
- apparently this might be one of the reasons why young people have sex before they are ready (l. 33) or consider unprotected sex as harmless (l. 34)
- for many kids pornography might be the only sex education
- images shaped by porn stars influence boys and girls and can lead to agressiveness or sexually abusive behaviour
- the easy availability leads children to consider pornography as something harmless or even cool

Weitere Textaufgaben sind auf der CD-ROM zu finden.

4_Textproduktion

VORBEMERKUNG

Bei der Bearbeitung der Aufsatzthemen ist es zunächst wichtig, die Themen genau zu lesen und darauf zu achten, was verlangt wird. Grundsätzlich lässt sich zwischen folgenden Arbeitsaufträgen unterscheiden:

- offene Themen, z.B. *Modern forms of slavery*
  Hier müssen mehrere (gleichwertige) Beispiele für moderne Formen der Sklaverei gefunden und erläutert werden. Die Reihenfolge, in der diese Beispiele dargelegt werden, ist beliebig, der Aufbau also linear.
  Eine Schwierigkeit könnte hier das landeskundliche Wissen, das z. T. zur Bearbeitung dieser Themen vorausgesetzt wird, darstellen. Es versteht sich von selbst, dass die ausgeführten Argumente sachlich richtig sein müssen.
- Themen, die eine Diskussion (Pro- vs. Kontra-Erörterung) verlangen, z. B. *„All men are equal". Discuss.* oder *„Winning isn't everything. It's the only thing." Do you agree?*
  Hier geht es darum, Pro-Argumente den Kontra-Argumenten gegenüberzustellen und in einem dritten Schritt zu einer eigenen Stellungnahme zu gelangen.
- Cartoon- bzw. Bildbeschreibung
- kreative Themen, z. B. Tagebucheintrag, Brief, usw.
  Nicht immer fällt die Entscheidung für das „richtige" Thema in der Prüfungssituation leicht. Hilfreich ist dann ein kurzes Brainstorming: Zu den Themen, die in die engere Auswahl kommen, werden stichpunktartig Ideen gesammelt. Trägt dieser Schritt noch nicht zur Entscheidungsfindung bei, werden die Stichpunkte gegliedert und strukturiert. Danach sollte deutlich sein, welches Thema sich für die Bearbeitung besser eignet. Aber Vorsicht, dabei darf man sich keinesfalls zu sehr mit Details aufhalten, sonst vergeudet man damit zu viel Zeit.

4.1 Überlegung zur Gliederung

4.1.1 Grundsätzlich mögliche Gliederung

Einleitung:

- dient der Einführung in das Thema und sollte daher möglichst interessant sein, um die Aufmerksamkeit des Lesers zu wecken
- Inhalt:
  - Definition des Themas (Wörterbuch verwenden!!!)
  - persönliches Erlebnis, Anekdote
  - aktueller Anlass (Zeitungsmeldung, aktuelle Diskussion, usw.)
- Länge: ca. 30 Wörter (bei einer Gesamtlänge von 250 Wörtern)

Hauptteil:

- Inhalt: Thesen entwickeln und begründen mit konkreten und überzeugenden Beispielen; falls keine tatsächlichen Beispiele bekannt sind, sollten glaubwürdige erfunden werden
  - bei offenen Themen:
    - linearer Aufbau: das Thema wird in zwei oder drei Beispielen dargelegt
    - für die Beispiele gilt: je konkreter, desto besser – sonst besteht die Gefahr, dass die Ausführungen zu vage und oberflächlich bleiben
  - bei dialektischen Themen:
    - erst Pro-Argumente, dann Kontra-Argumente abhandeln bzw. umgekehrt

- Widersprüche vermeiden.
- auf eine steigernde Gliederung achten: Das wichtigste Argument kommt zum Schluss!
- Länge: ca. 180 Wörter (jeweils die Hälfte für Pro- bzw. Kontra-Teil)

Im Hauptteil sollte man lieber wenige Argumente ausführlich darstellen als viele Thesen oberflächlich, andernfalls mangelt es dem Aufsatz an Substanz.

Schluss:
- dient der Abrundung des Themas
- Inhalt:
  - Abwägung der aufgeführten Argumente
  - Darlegung der persönlichen Meinung
  - Ausblick auf zukünftige Entwicklung o.ä.
- Länge: ca. 40 Wörter

Im Schlussteil ist zu beachten, dass keine neuen Argumente aufgeführt werden dürfen – das bisher Gesagte soll in diesem Abschnitt abgerundet werden! Idealerweise greift man im Schluss auf die Einleitung zurück und bildet so einen Rahmen für den Aufsatz.

4

4.1.2 Cartoons

Seit einiger Zeit gehört auch die Beschreibung und Interpretation von Cartoons zu den Compositi-on-Aufgaben im Abitur. Die Gliederung dieser Aufgabe sieht etwas anders aus:

Einleitung:
- Quelle des Cartoons, falls bekannt
- Thema des Cartoons: Wer oder was ist Gegenstand des Cartoons?

Hauptteil:
- Beschreibung des Cartoons unter Berücksichtigung wichtiger Details
- Untersuchung der Textelemente im Cartoon, d.h. der Sprechblasen, Bildunterschriften, Bildaufschriften usw.
- Interpretation des Cartoons

Schluss:
- persönliche Meinung zum Cartoon
- kritische Auswertung: Effektivität? Verständlichkeit? usw.

Bei der Analyse können folgende Fragen hilfreich sein:
- Worauf bezieht sich der Cartoon?
- Werden die Figuren in einem positiven oder negativen Licht präsentiert? Wie wird dieser Eindruck erzeugt?
- Wird Ironie verwendet? Was ist der Effekt?
- Aussage des Cartoonisten unter Berücksichtigung der Textelemente?

4.1.3 Bildbeschreibung

Die Herausforderung der Bildbeschreibung besteht darin, dem Bild und dessen Komplexität gerecht zu werden. Grundsätzlich geht man von dem dominanten Bildinhalt im Vordergrund aus, beschreibt diesen im Detail und konzentriert sich danach auf den Bildhintergrund. Gibt es keinen eindeutigen Bildvorder- bzw. -hintergrund, empfiehlt es sich, das Bild entweder von links nach rechts oder von oben nach unten bzw. umgekehrt zu beschreiben.

Ähnlich wie bei der Beschreibung von Cartoons sollten die folgenden Fragen durch die Beschreibung bzw. Interpretation beantwortet werden:

- Was lässt sich über den Bildkontext aussagen?
- Was ist die Aussage des Bildes?
- Welche Wirkung hat das Bild auf den Betrachter?

4.1.4 Kreative Themen

In den meisten Abituraufgaben finden sich inzwischen auch völlig offene Themenstellungen, die man am ehesten unter „creative writing" einordnen kann. Dazu gehören beispielsweise Briefe, Tagebucheinträge, Zeitungsartikel, Textfortsetzungen usw.
Diese verlangen vor allem Einfühlungsvermögen in die jeweilige Situation – ein Tagebucheintrag muss vor allem plausibel sein, zu Charakter und Handlung passen.
Ein Vorteil der Bearbeitung von kreativen Aufsatzthemen ist, dass man inhaltlich und formal sehr frei ist und meistens kaum auf landeskundliches Wissen zurückgreifen muss.
Eine Besonderheit ist jedoch das Thema „Brief": Wird ein formaler Brief [illegible] einen Parlamentsabgeordneten) verlangt, müssen bestimmte Regeln eingehalten werden[illegible]

- Der Brief beginnt mit der Anrede („Dear Mr ..." bzw. „Dear Sir / Ma[illegible] kannt ist).
- Schlussformel: „Yours sincerely" (falls der Name des Empfängers be[illegible] fully" (falls der Name des Empfängers unbekannt ist)

4.2 Nützliche Phrasen

Introduction
the question arises (whether) ...
it is a controversial issue (whether ...)
there has been a heated controversy on the question whether
as we have seen
as we know from
... hold the view that ...
it is often / generally believed / accepted / taken for granted ...

Connectives to express logical relations

Adding / Reinforcing
also, too
furthermore, ...
moreover, ...
then
in addition
above all

Comparison / Similarity
equally
likewise
similarly
in the same way

Contrast
but, however, yet, although
on the contrary
in contrast
by contrast
contrary to
on the one hand ... on the other hand

Concession
besides – neben/außer
however
nevertheless – dennoch
still
though
in spite of that – in Anspruch
despite (the fact ...) – trotz/trotzdem
although
whereas – während
while
yet

Consequence
so, therefore, hence, thus – somit
as a result
consequently

Exemplification
namely
for example (e.g.)
for instance
that is (i.e.)
that is to say
such as
talking of
with regard to
as to / for

Reason
that is why, as a result of

Sequence
next, later, afterwards
finally
last(ly)
last but not least
the first / crucial / most important point / aspect / argument

Climax
moreover, what is more, finally

Repetition / Summary / Result
in other words, to sum it up
all in all
in conclusion
to sum up
in short
as far as I am concerned
taking everything into consideration
personally
it seems to me
in my opinion
it is for this reason that ...
I come to the conclusion ...
therefore I would say / think / cannot agree / disagree with / would support the view that ...
I am firmly convinced that ...

4.3 Themenbereich *Genmanipulation* – Comment

Aufgabe

Where do you see the opportunities and risks of genetic engineering of human beings?

Lösungsvorschlag

Mögliche Punkte

- Possible risks of genetic engineering:
  - misuse of information about a person's DNA structure
  - future genetically optimised individual, a vision causing nightmares for many
  - domination of financial interest over ethical considerations because of the medical business being strongly influenced by economic success
  - high costs for new genetically-based medical treatment will have poor people at a disadvantage
- Possible advantages of genetic engineering:
  - information about serious defects of an unborn child (e. g. Down Syndrome) seems to be possible.
  - genetic tests may show whether or not a person is suitable for the treatment with a special medicine.
  - healing of diseases incurable so far (cancer, Alzheimer)
  - improvement of people's physical condition and longer life expectancy

Globalisation does not only influence economic fields, but also science. Whereas formerly new results in scientific research took years to filter through, information these days is rapidly passed on to the scientific community. This has led to an acceleration of new processes in genetic engineering. But are these achievements only positive?
The costs for medical treatments based on genetic engineering will be extremely high. Consequently only rich people will be able to afford them. As the medical business is increasingly influenced by economic success, financial interests may dominate over ethical considerations.
Another problem is the easy availability of information about a person's DNA structure and consequently about one's physical or intellectual characteristics. This knowledge might be abused by governments or employers to filter out people for a position or to discredit political opponents.
But there are many positive effects, too. Genetic testing before the birth of a child enables the treatment of potentially sick children while still in the womb.
Genetic tests may show whether a person is suitable for treatment with a special medicine. And diseases considered incurable today might be eradicated in the long run.
Despite the risks, genetic engineering shuld not be stopped. Even so, we should try to influence politicians and bio-engineering companies to act responsibly.

Weitere *Compositions* sind in den Abituraufgaben im Buch und auf der CD-ROM zu finden.

5_Die englisch-deutsche Übersetzung

VORBEMERKUNG

In einigen Bundesländern wird in der Abiturprüfung eine Übersetzung vom Englischen ins Deutsche verlangt. Wenn Sie die Abiturprüfung in einem solchen Bundesland ablegen, sollten Sie zur Übung die nachfolgenden Texte übersetzen und Ihre Lösungen mit den Musterlösungen vergleichen. Die ersten beiden Texte sind relativ einfach (Grundkursniveau), die letzten beiden dagegen schwierig. Weitere Übersetzungen finden Sie in Kapitel 6.
Auch wenn die Übersetzung in Ihrem Bundesland nicht Bestandteil der Abiturprüfung ist, lohnt es sich, die Texte zu übersetzen, da Sie dadurch Ihr Textverständnis üben.

Tipps für eine gute Übersetzung

- In den meisten Fällen ist das oberste Ziel einer Übersetzung inhaltliche Genauigkeit. Achten Sie deshalb beim Übersetzen darauf, dass Sie alle im Ausgangstext enthaltenen Informationen unverfälscht und vollständig wiedergeben und nichts hinzufügen. Beachten Sie, dass Inhalte nicht nur in Worten ausgedrückt werden, sondern auch durch grammatische Formen und Strukturen, die nicht immer eine direkte Entsprechung im Deutschen haben. So unterscheiden sich die beiden folgenden Sätze formal nur dadurch, dass das Verb im Hauptsatz einmal in der *simple*-Form steht und einmal in der *progressive*-Form:
  1. *When Justin arrived at the studio, we recorded a new version of 'Cry Me a River'.*
  2. *When Justin arrived at the studio, we were recording a new version of 'Cry Me a River'.*

  Der Wechsel der Formen, der im Deutschen keine Entsprechung hat, ergibt einen Bedeutungsunterschied, der sich in der Übersetzung zum Beispiel wie folgt nachbilden lässt:
  1. „Nachdem Justin im Studio angekommen war, nahmen wir eine neue Version von ‚Cry Me a River' auf."
  2. „Als Justin im Studio ankam, nahmen wir gerade eine neue Version von ‚Cry Me a River' auf."
- Es ist erstrebenswert, einen sprachlich korrekten und möglichst natürlich formulierten Text zu erstellen. Ihre Übersetzung sollte in jeder Hinsicht den grammatischen Regeln des Deutschen entsprechen und darüber hinaus nicht sofort erkennen lassen, dass der Inhalt ursprünglich in einer anderen Sprache ausgedrückt wurde.
  Um zum Beispiel den Satz *In 2006, Christina Aguilera released a double CD* inhaltlich vollständig ins Deutsche zu übertragen, müsste man lediglich drei Wörter (*released, a* und *double*) ersetzen:
  „In 2006, Christina Aguilera veröffentlichte eine Doppel CD."
  Diese Übersetzung würde jedoch aufgrund formaler Fehler unangenehm auffallen. Nun müssen noch Satzbau, Zeichensetzung und Rechtschreibung an die Regeln des Deutschen angepasst werden. So gilt im Deutschen: Jahreszahlen stehen ohne Präposition; Adverbiale (in unserem Beispiel die Zeitangabe) werden nicht durch Komma vom Rest des Satzes getrennt; ein Adverbial am Satzanfang erfordert die Umkehrung von Subjekt und Prädikat; Komposita (Wortzusammensetzungen) müssen entweder zusammengeschrieben oder mit einem Bindestrich verbunden werden. Beachtet man diese Regeln, erhält man folgende Lösung: „2006 veröffentlichte Christina Aguilera eine Doppel-CD."
- Schließlich sollte die Stilebene Ihrer Übersetzung der des Ausgangstextes entsprechen.
  So sollte beispielsweise der Satz *The pilot checked whether the runway was clear* nicht folgendermaßen übersetzt werden: „Der Pilot hat abgecheckt, ob die Startbahn frei war." *Check* ist im Englischen ein stilistisch neutrales Wort, während „abchecken" eindeutig umgangssprachlich ist. „Der Pilot überprüfte, ..." wäre eine bessere Lösung.

Aufgabe 1

The reasons for London's growth were not simple. Partly, it took place because London's middle-class population was growing so fast, and these people, unable to afford a second home in the country, but able to pay a daily bus or train fare into their City offices, were the ones most likely to choose a suburban existence.
The mixture of town and country had a particular appeal to middle-class Londoners. Perhaps this was because it enabled them to mimic, at modest expense, the country life of the aristocracy. No matter how strongly the suburbs were criticized by moralists and architects for their dull uniformity, for their failure to be either real town or country, they were places in which most middle-class, and many working-class, Londoners chose to live when improving wages, working hours and transport links made it possible.
Suburban life, in their view, offered not the worst of both worlds, but the best.

From: Stephen Inwood: A History of London. Macmilian, London, 1998

Aufgabe 2

Forget those turn-of-the-century images of Dublin. The prewar city of James Joyce[1] is, of course, long gone. Dublin today is the base of an immigration surge that is transforming Ireland at a rate un-paralleled in speed and scale anywhere in Europe. And that has made the Emerald Isle[2] a test case for how Europe will deal with one of its greatest dilemmas – the need for, and discomfort with, immigrant labor.
Irish laws are still playing catch-up[3] with immigration. And they reflect the conflicting views the Irish have. Even as the country welcomes new workers, it is cracking down on immigration in other ways. Last year lawmakers modified legislation so as to deny automatic citizenship to children born in Ireland. This year the Supreme Court ruled that non-EU immigrant parents of Irish-born children are not automatically entitled to residency. This has created a great panic.

1 *James Joyce: (1882 – 1941); one of the most important Irish writers, famous for his short stories and novels set in Dublin*
2 *the Emerald Isle: die Grüne Insel*
3 *to play catch-up: to try to make as much progress as someone or something you are competing with*

From: Newsweek International, Dec. 15 2003

Aufgabe 3

If Earth's climate changes meaningfully – and the National Academy of Sciences, previously skeptical, said in 2005 that signs of climate change have become significant – there could be broad-based disruption of the global economy unparalleled by any event other than World War II.
Whether mainly natural or mainly artificial, climate change could bring different regions of the world tremendous benefits as well as drastic problems. The world had been mostly warming for thousands of years before the industrial era began, and that warming has been indisputably favorable to the spread of civilization. The trouble is that the world's economic geography is today organized according to a climate that has largely prevailed since the Middle Ages – runaway climate change would force big changes in the ordering of society.
In the past, small climate changes have had substantial impact on agriculture, trade routes, and the types of products and commodities that sell. Larger climate shifts have catalyzed the rise and fall of whole societies. The Mayan Empire, for instance, did not disappear "mysteriously"; it likely fell into decline owing to decades of drought that ruined its agricultural base and

deprived its cities of drinking water. On the other side of the coin, Europe's Medieval Warm Period, which lasted from around 1000 to 1400, was essential to the rise of Spain, France, and England: Those clement centuries allowed the expansion of farm production, population, cities, and universities, which in turn set the stage for the Industrial Revolution. Unless greenhouse-effect theory is completely wrong – and science increasingly supports the idea that it is right – 21st-century climate change means that sweeping social and economic changes are in the works.

Adapted from: Global Warming: Who Loses – and Who Wins? by Gregg Easterbrook in: The Atlantic Monthly, April 2007

Aufgabe 4

In the world of television, the massive flows of information are largely in only one direction, which makes it virtually impossible for individuals to take part in what passes for a national conversation. Individuals receive, but they cannot send. They hear, but they do not speak. The "well-informed citizenry" is in danger of becoming the "well-amused audience." Moreover, the high capital investment required for the ownership and operation of a television station and the centralized nature of broadcast, cable and satellite networks have led to the increasing concentration of ownership by an ever smaller number of larger corporations that now effectively control the majority of television programming in America.
In practice, what television's dominance has come to mean is that the inherent value of political propositions put forward by candidates is now largely irrelevant compared with the image-based ad campaigns they use to shape the perceptions of voters. The high cost of these commercials has radically increased the role of money in politics — and the influence of those who contribute it. That is why campaign finance reform, however well drafted, often misses the main point: so long as the dominant means of engaging in political dialogue is through purchasing expensive television advertising, money will continue in one way or another to dominate American politics. And as a result, ideas will continue to play a diminished role. That is also why the House and Senate campaign committees in both parties now search for candidates who are multimillionaires and can buy the ads with their own personal resources.

Al Gore: The Assault on Reason, Penguin (USA), New York, 2007

Kommentierte Lösung zu Aufgabe 1

- The reasons for London's growth were not simple.
  ⇒ Die Gründe für das Wachstum Londons[1] waren vielfältig.
    1 Anders als im Englischen wird das Genitiv-s im Deutschen normalerweise nicht durch einen Apostroph abgetrennt.
- Partly, it took place because London's middle-class population was growing so fast, ...
  ⇒ Unter anderem spielte eine Rolle[2], dass die Londoner Mittelschicht so schnell wuchs.
    2 In Anlehnung an den Ausgangstext könnte man natürlich „Unter anderem fand es statt ..." schreiben. Die obige Lösung hat jedoch den Vorteil, dass sie nicht die etwas ungelenke Formulierung „fand das Wachstum Londons statt" impliziert („es" würde sich auf „das Wachstum Londons" im ersten Satz beziehen).
- ... and these people, unable to afford a second home in the country, but able to pay a daily bus or train fare into their City offices, were the ones most likely to choose a suburban existence.
  ⇒ Angehörige dieser Schicht konnten sich keinen Zweitwohnsitz auf dem Land leisten, wohl aber die tägliche Bus- oder Bahnfahrt[3] ins Finanzzentrum[4] der Stadt, wo sie arbeiteten, und so waren vor allem sie es, die sich für das Leben in den Vorstädten entschieden.

3 *Fare* bedeutet „Fahrpreis" oder „Fahrgeld". Da „sich den Fahrpreis/das Fahrgeld leisten" jedoch nichts anderes heißt als „sich die Fahrt leisten", kann man auf eine Übersetzung von *fare* verzichten und die obige, weniger umständliche Lösung mit „-fahrt" wählen.

4 Wenn in einem englischen Text Substantive im Satzinneren großgeschrieben werden, deutet dies in der Regel auf einen Eigennamen oder auf eine spezielle Bedeutung hin. So bezieht sich *City* hier nicht auf London an sich, sondern auf das Finanzzentrum der Stadt.

- The mixture of town and country had a particular appeal to middle-class Londoners. Perhaps this was because it enabled them to mimic, at modest expense, the country life of the aristocracy.

  ⇒ Die Kombination von Stadt und Land übte auf die Londoner Mittelschicht einen besonderen Reiz aus, der vielleicht in der Möglichkeit lag, das Landleben der Oberschicht nachzuahmen, ohne sich finanziell zu verausgaben[5].

  5 Bei der Suche nach einer geeigneten Formulierung kann man auch die Verneinung des Gegenteils des Gesagten in Betracht ziehen: Das Gegenteil von *at modest expense* ist *at great expense*, dessen Verneinung *not at great expense* etwa wie oben übersetzt werden kann. Natürlich wäre aber auch „mit geringem finanziellem Aufwand" möglich.

- No matter how strongly the suburbs were criticized by moralists and architects for their dull uniformity, for their failure to be either real town or country, they were places in which most middle-class, and many working-class, Londoners chose to live when improving wages, working hours and transport links made it possible.

  ⇒ Moralprediger und Architekten konnten die Vorstädte noch so sehr für ihre triste Einförmigkeit kritisieren und dafür, dass sie weder ganz zur Stadt noch ganz zum Land gehörten – der größte Teil der Londoner Mittelschicht und viele Arbeiter zogen dorthin, als höhere Einkommen, kürzere Arbeitszeiten und verbesserte Verkehrsanbindungen[6] es ihnen ermöglichten.

  6 Ein einzelnes Wort, das die Glieder einer Aufzählung bestimmt (hier *improving + wages/working hours/transport links*) kann ein Problem darstellen, wenn sich für das einzelne Wort keine Übersetzung findet, die zu allen Gliedern passt. In diesem Fall kann man die Verbindung auflösen und durch mehrere neue ersetzen: „höhere" + „Einkommen", „kürzere" + „Arbeitszeiten", „verbesserte" + „Verkehrsanbindungen".

- Suburban life, in their view, offered not the worst of both worlds, but the best.

  ⇒ Für die Mittelschicht vereinten die Vorstädte nicht etwa die Nachteile von Stadt und Land, sondern deren Vorteile.

Kommentierte Lösung zu Aufgabe 2

- Forget those turn-of-the-century images of Dublin. The prewar city of James Joyce is, of course, long gone.

  ⇒ Vergessen Sie die Bilder vom Dublin der Jahrhundertwende. Die Stadt von James Joyce, die der Vorkriegszeit, gehört bekanntlich[1] schon lange der Vergangenheit an.

  1 *Of course* wird am häufigsten verwendet, wenn man zum Ausdruck bringen will, dass man etwas für logisch oder selbstverständlich hält. Hier wird jedoch nur vorausgesetzt, dass der Leser etwas Bestimmtes weiß, weswegen „bekanntlich" (oder „wie man weiß") eine plausiblere Übersetzung ist als „natürlich".

- Dublin today is the base of an immigration surge that is transforming Ireland at a rate un-paralleled in speed and scale anywhere in Europe.

  ⇒ Heute erlebt Dublin eine Einwanderungswelle, die Irland so schnell und tiefgreifend[2] verändert wie es in keinem anderen europäischem Land der Fall ist.

  2 *Rate* wird hier durch *speed* („Geschwindigkeit", also eigentlich das Gleiche wie *rate*) und *scale* („Ausmaß") näher bestimmt. Da diese beiden Faktoren bereits alles beinhalten, was

über die Veränderung Irlands (*transforming Ireland*) ausgesagt werden soll, kann auf eine separate Übersetzung von *rate* verzichtet werden.

- And that has made the Emerald Isle a test case for how Europe will deal with one of its greatest dilemmas – the need for, and discomfort with, immigrant labor.
  ⇒ Dies hat die Grüne Insel zu einem Indikator dafür gemacht, wie Europa mit einem seiner größten Dilemmas umgehen wird: dem Umstand, dass Fremdarbeit zugleich notwendig ist und Unbehagen hervorruft [3].
  3 Wendungen nach dem Muster *the need for, and discomfort with, immigrant labor*, bei dem sich verschiedene Präpositionen auf dasselbe Wort beziehen, sind ein im Englischen weitverbreitetes Stilmittel. Im Deutschen sind solche Konstruktionen jedoch unüblich.
- Irish laws are still playing catch-up with immigration.
  ⇒ Die Gesetzgebung in Irland hinkt der Immigration [4] immer noch hinterher.
  4 *Immigration* ist ein *uncountable noun* wie *equipment* oder *milk*. Solche Substantive haben keine Pluralform und stehen in der Regel nur dann mit dem bestimmten Artikel, wenn sie näher bestimmt werden (vgl. *Milk is good for you* und *The milk I bought this morning tastes strange*). Obwohl im Ausgangstext der bestimmte Artikel nicht verwendet wird, wäre sein Fehlen im Deutschen nicht zu rechtfertigen. Ein weiteres Beispiel hierfür ist *life* (vgl. *Life is beautiful* und *„Das Leben ist schön"*).
- And they reflect the conflicting views the Irish have.
  ⇒ Und sie spiegelt die höchst unterschiedlichen Ansichten der Iren zu dem Thema wider [5].
  5 Achten Sie auf die korrekte Schreibung von „widerspiegeln", „widersetzen" und „widersprechen" (ohne „e"; „wider" → „gegen") im Gegensatz zu „wiederkehren", „wiedergeben" und „wieder tun" (mit „e"; „wieder" → „zurück" oder „erneut").
- Even as the country welcomes new workers, it is cracking down on immigration in other ways. Last year lawmakers modified legislation so as to deny automatic citizenship to children born in Ireland. This year the Supreme Court ruled that non-EU immigrant parents of Irish-born children are not automatically entitled to residency. This has created a great panic.
  ⇒ Zwar wird ausländischen Arbeitern die Einreise gestattet, doch erschwert Irland Immigranten das Leben in anderer Hinsicht. Im vergangenen Jahr wurden die bestehenden Regelungen dahingehend geändert, dass in Irland geborene Kinder nicht mehr automatisch irische Staatsbürger werden. Dieses Jahr hat der Oberste Gerichtshof entschieden, dass Immigranten, die aus Nicht-EU-Ländern stammen und Eltern eines in Irland geborenen Kindes sind, nicht zwangsläufig Anspruch auf eine Aufenthaltsgenehmigung haben. Dies hat große Beunruhigung [6] ausgelöst.
  6 *Panic* meint hier etwas Schwächeres als das deutsche Wort *„Panik"* (= „sehr große Angst"), dem eine entsprechende Bedeutung nur in Ausdrücken wie „Panikmache" (= „absichtliches Auslösen von Beunruhigung") zukommt.

Kommentierte Lösung zu Aufgabe 3

- If Earth's climate changes meaningfully – and the National Academy of Sciences, previously skeptical, said in 2005 that signs of climate change have become significant – there could be broad-based disruption of the global economy unparalleled by any event other than World War II.
  ⇒ Wenn sich das Klima der Erde erheblich verändert – und die früher skeptische [1] National Academy of Sciences stellte 2005 [2] fest [3], dass mittlerweile deutliche Anzeichen für einen Klimawandel vorliegen –, dann könnte es zu einer weitreichenden Beeinträchtigung der Weltwirtschaft kommen, die sich mit keinem anderen Ereignis außer dem Zweiten Weltkrieg vergleichen ließe.

1 Ein nachgestellter, kurzer Adjektiv-Einschub wie *previously skeptical* wirkt im Deutschen oft etwas ungeschickt. Die obige Lösung ist natürlicher als „die National Academy of Sciences, früher skeptisch, stellte 2005 fest ...".

2 Beachten Sie, dass Jahreszahlen im Deutschen ohne Präposition stehen. Es heißt also nicht „in 2005".

3 Einfache Verben wie *make, do* und *say* finden im Englischen auch in gehobenen Registern häufiger Verwendung als ihre deutschen Entsprechungen („die ... National Academy of Sciences sagte 2005 ..." wäre dem Stil des Textes nicht angemessen).

- Whether mainly natural or mainly artificial, climate change could bring different regions of the world tremendous benefits as well as drastic problems.

⇒ Ganz gleich, ob in erster Linie natürlich oder durch den Menschen verursacht – ein Klimawandel könnte verschiedenen Regionen der Welt sowohl enorme Vorteile als auch schwerwiegende Probleme [4] bringen.

4 Bei häufig auftretenden Verbindungen aus Adjektiv und Substantiv wie *drastic problems* ist die Wörterbuchübersetzung des Adjektivs („drastisch") oft nicht die beste. Die meisten Menschen würden „drastische Probleme" und „schwerwiegende Probleme" als gleichbedeutend ansehen, Letzteres ist jedoch wesentlich geläufiger und damit auch natürlicher. Überlegen Sie beim Übersetzen solcher Verbindungen stets, ob Ihre Lösung natürlich klingt.

- The world had been mostly warming for thousands of years before the industrial era began, and that warming has been indisputably favorable to the spread of civilization.

⇒ Vor Beginn des Industriezeitalters hatte sich die Erde über Jahrtausende hinweg insgesamt erwärmt, was für die Ausbreitung der Zivilisation eindeutig [5] förderlich war.

5 Ähnlich wie beim vorherigen Punkt wären die Wörterbuchübersetzungen für *indisputably* („unstrittig", „unbestreitbar") hier nicht die besten, da sie in der Verbindung Adverb + Adjektiv („unstrittig förderlich") unüblich sind.

- The trouble is that the world's economic geography is today organized according to a climate that has largely prevailed since the Middle Ages – runaway climate change would force big changes in the ordering of society.

⇒ Das Problem besteht darin, dass die ökonomische Landschaft der Welt heute nach einem Klima ausgerichtet ist, das im Wesentlichen seit dem Mittelalter vorherrscht – außergewöhnlich drastische Klimaveränderungen würden eine Umwälzung [6] unserer gesellschaftlichen Struktur nach sich ziehen.

6 Das Wort „Umwälzung" (= „völlige Änderung") beinhaltet bereits das, was im Ausgangstext durch *big* ausgedrückt wird. Daher ist ein Adjektiv hier nicht unbedingt notwendig.

- In the past, small climate changes have had substantial impact on agriculture, trade routes, and the types of products and commodities that sell.

⇒ Schon kleine klimatische Schwankungen haben in der Vergangenheit starke Auswirkungen [7] auf die Landwirtschaft sowie auf Handelswege und die Verfügbarkeit bestimmter Güter gezeigt.

7 *Impact* wird im Ausgangstext als *uncountable noun* verwendet (wie *equipment, milk* etc., die keine Pluralform haben). Oft bietet sich bei der Übersetzung solcher Substantive im Deutschen der Plural an, und manchmal ist er sogar notwendig. Siehe auch → Seite 66, Anmerkung 4.

- Larger climate shifts have catalyzed the rise and fall of whole societies.

⇒ Größere Klimaveränderungen haben den Aufstieg und Niedergang ganzer Kulturen herbeigeführt [8].

8 *Catalyze* stammt wie „katalysieren" aus der Fachsprache der Chemie. *Catalyze* wird im Englischen häufig auch in allgemeinsprachlichen Kontexten verwendet (als Metapher). Das deutsche „katalysieren" eignet sich jedoch nicht dafür.

- The Mayan Empire, for instance, did not disappear "mysteriously"; it likely fell into decline owing to decades of drought that ruined its agricultural base and deprived its cities of drinking water.
  ⇒ Das Reich der Maya zum Beispiel [9] verschwand nicht „auf mysteriöse Weise"; es ging wahrscheinlich infolge jahrzehntelanger Dürreperioden unter, die seine landwirtschaftliche Grundlage zerstörten und die Trinkwasserversorgung seiner Städte zum Erliegen brachten.
  9 Beachten Sie, dass sich die englischen Zeichensetzungsregeln in weiten Teilen von den deutschen unterscheiden. So wären Kommas um „zum Beispiel" („Das Reich der Maya, zum Beispiel, verschwand ...") nur schwer zu rechtfertigen, während sie an derselben Stelle im Englischen notwendig sind. Umgekehrt verhält es sich mit dem Komma, das im Zieltext den Relativsatz „die seine ..." vom Hauptsatz trennt. Lassen Sie sich bei der Zeichensetzung im Deutschen nicht vom englischen Ausgangstext, sondern ausschließlich von Ihrer Kenntnis der deutschen Regeln leiten.
- On the other side of the coin, Europe's Medieval Warm Period, which lasted from around 1000 to 1400, was essential to the rise of Spain, France, and England:
  ⇒ Andererseits war Europas mittelalterliche Warmzeit, die etwa von 1000 bis 1400 dauerte, eine Voraussetzung [10] für den Aufstieg Spaniens, Frankreichs und Englands.
  10 Ein Substantiv muss nicht immer mit einem Substantiv übersetzt werden, ein Adjektiv nicht immer mit einem Adjektiv usw. *Was essential to* könnte man hier durchaus mit „war notwendig für" übersetzen, die obige Lösung mit einem Substantiv ist jedoch eleganter.
- Those clement centuries allowed the expansion of farm production, population, cities, and universities, which in turn set the stage for the Industrial Revolution.
  ⇒ Das milde Klima dieser Jahrhunderte ermöglichte eine Steigerung der landwirtschaftlichen Produktion, ein Wachstum der Bevölkerung und der Städte sowie die Etablierung von Universitäten [11]. All dies bereitete wiederum den Weg für die Industrielle Revolution.
  11 Siehe → Seite 65, Anmerkung 6.
- Unless greenhouse-effect theory is completely wrong – and science increasingly supports the idea that it is right – 21st-century climate change means that sweeping social and economic changes are in the works.
  ⇒ Wenn die Theorie vom Treibhauseffekt nicht vollkommen falsch ist – und immer mehr wissenschaftliche Erkenntnisse weisen darauf hin, dass sie zutrifft –, dann wird der Klimawandel im 21. Jahrhundert dramatische gesellschaftliche und wirtschaftliche Veränderungen auslösen.

Kommentierte Lösung zu Aufgabe 4

- In the world of television, the massive flows of information are largely in only one direction, which makes it virtually impossible for individuals to take part in what passes for a national conversation. Individuals receive, but they cannot send. They hear, but they do not speak. The "well-informed citizenry" is in danger of becoming the "well-amused audience".
  ⇒ Der enorme [1] Informationsfluss in der Welt des Fernsehens bleibt größtenteils auf eine Richtung beschränkt, was es dem Einzelnen praktisch [2] unmöglich macht, an der sogenannten öffentlichen Diskussion [3] teilzunehmen. Der Einzelne ist Empfänger, kann aber nicht senden. Er hört zu, kann aber nichts sagen. Aus dem „gut informierten Bürger" droht ein „gut unterhaltener Zuschauer" zu werden.
  1 Das Adjektiv „massiv" bedeutet im Deutschen entweder „stabil" („ein massives Haus") oder „heftig" („massive Vorwürfe", „massive Drohungen"). Keine der beiden Bedeutungen liegt hier vor, weshalb Sie *massive* nicht mit „massiv" übersetzen können.
  2 auch: „so gut wie", „fast"
  3 Zwar bedeutet *national* normalerweise nicht „öffentlich", doch die Verbindung *national conversation* meint ungefähr das, was man im Deutschen üblicherweise „öffentliche Diskussion" nennt.

- Moreover, the high capital investment required for the ownership and operation of a television station and the centralized nature of broadcast, cable and satellite networks have led to the increasing concentration of ownership by an ever smaller number of larger corporations that now effectively control the majority of television programming in America.
  ⇒ Hinzu kommt, dass der Erwerb und Betrieb eines Fernsehsenders hohe Investitionen erfordert, was zusammen mit der zentralisierten Struktur der Rundfunk-, Kabel- und Satelliten-Networks [4] im Lauf der Zeit dazu geführt hat, dass die Fernsehsender im Eigentum weniger Großunternehmen stehen. Diese Unternehmen bestimmen heute weitgehend, was in den USA gesendet wird.
  4 *Broadcast, cable and satellite networks* steht im Ausgangstext verkürzend für drei Komposita (Wortzusammensetzungen): *broadcast networks*, *cable networks* und *satellite networks*. Beachten Sie, dass deutsche Komposita im Gegensatz zu englischen immer zusammengeschrieben oder mit einem Bindestrich verbunden werden. Es wäre also beispielsweise nicht korrekt, „Rundfunk, Kabel und Satelliten Networks" zu schreiben.
- In practice, what television's dominance has come to mean is that the inherent value of political propositions put forward by candidates is now largely irrelevant compared with the image-based ad campaigns they use to shape the perceptions of voters.
  ⇒ In der Praxis bedeutet die Vorherrschaft des Fernsehens, dass der eigentliche Wert politischer Vorschläge von Kandidaten [5] weitgehend irrelevant geworden ist im Vergleich zu der visuell konzipierten Wahlwerbung, mit der die Meinungen [6] von Wählern beeinflusst werden sollen.
  5 Das Wort „Vorschläge" beinhaltet bereits das, was im Ausgangstext durch *put forward* ausgedrückt wird. Daher ist ein zusätzliches Adjektiv oder ein Relativsatz hier nicht unbedingt notwendig. Siehe auch → Seite 67, Anmerkung 6.
  6 *Perception* wird am häufigsten als *uncountable noun* (kein Plural möglich) in der Bedeutung „Wahrnehmung" verwendet. Die Pluralform im Ausgangstext deutet jedoch auf eine spezielle Verwendung hin: Als *countable noun* (Plural möglich) tritt *perception* in der Bedeutung „Auffassung" oder „Meinung" auf, die in diesem Kontext auch die wesentlich plausiblere ist. Siehe auch → Seite 67, Anmerkung 7.
- The high cost of these commercials has radically increased the role of money in politics – and the influence of those who contribute it.
  ⇒ Die Kostspieligkeit solcher Werbung hat die Bedeutung von Geld in der Politik – und den Einfluss derer, die es bereitstellen [7] – drastisch erhöht.
  7 Obwohl im englischen Text an dieser Stelle kein Komma steht (und keines stehen darf), ist das Komma in der Übersetzung notwendig. Siehe auch → Seite 68, Anmerkung 9.
- That is why campaign finance reform, however well drafted, often misses the main point: so long as the dominant means of engaging in political dialogue is through purchasing expensive television advertising, money will continue in one way or another to dominate American politics.
  ⇒ Aus diesem Grund verfehlen Reformen der Wahlkampffinanzierung – mögen sie auch noch so gut ausgearbeitet sein – häufig ihr Ziel: Solange man hauptsächlich dadurch am politischen Dialog teilnimmt, dass man teure Fernsehwerbung in Auftrag gibt, wird die Politik in den USA [8] letzten Endes vom Geld dominiert.
  8 *Politics* lässt sich mit „Politik" übersetzen, hat jedoch eine engere Bedeutung als das deutsche Wort. Es bezeichnet nicht politische Ziele oder Maßnahmen, sondern ganz allgemein den politischen Prozess. Gemeint ist hier also nicht das politische Gebaren der USA, sondern das politische Leben im Land, weswegen „die amerikanische Politik" missverständlich und „die Politik Amerikas/der USA" falsch wäre.
- And as a result, ideas will continue to play a diminished role. That is also why the House and Senate campaign committees in both parties now search for candidates who are multimillionaires and can buy the ads with their own personal resources.

5

⇒ Ideen werden dementsprechend eine untergeordnete Rolle spielen. Das ist auch der Grund dafür, dass die Wahlkampfkomitees beider Parteien für Repräsentantenhaus und Senat [9] nun nach Kandidaten Ausschau halten, die Multimillionäre sind und ihre Werbespots selbst finanzieren können.

9 Siehe auch → Seite 65, Anmerkung 4

Praktische Tipps für die Abiturprüfung

- Lesen Sie den Ausgangstext einmal durch, bevor Sie mit dem Übersetzen beginnen. Oft hilft eine Information, die weiter unten im Text gegeben wird, Stellen weiter oben zu verstehen und damit zu übersetzen.
- Sie können davon ausgehen, dass die englischen Texte, die man Ihnen in der Abiturprüfung vorlegt, Sinn ergeben. Folglich sollte auch Ihre Übersetzung Sinn ergeben. So selbstverständlich dieser Ratschlag klingen mag: Schreiben Sie nie etwas Sinnloses! Auch wenn Sie sich nicht sicher sind, was eine Stelle im Ausgangstext bedeutet, sollten Sie beim Übersetzen keine Lösung wählen, die mit Sicherheit gar nichts bedeutet.
- Legen Sie den Ausgangstext beiseite und lesen Sie Ihre Übersetzung durch. Betrachten Sie diese wie einen eigenständigen Text und überprüfen Sie, ob alle Sätze sinnvoll miteinander verknüpft sind. Achten Sie darauf, dass der Text keine Widersprüche und keine stilistischen Unsauberkeiten enthält.
- Überprüfen Sie zum Schluss Zeichensetzung, Rechtschreibung und Grammatik.

6_Abituraufgaben

6.1 Grundkurs

6.1.1 Literarischer Text

M 1 **Jonathan Safran Foer** **Extremely Loud Incredibly Close**

A couple of years after 9/11 Oskar, a boy living in New York City, is still haunted by the events of that day.

After forever, I got out of bed and went to the closet where I kept the phone. I hadn't taken it out since the worst day. It just wasn't possible. A lot of the time I think about those four and a half minutes between when I came home and when Dad called.

I opened the apartment door, put down my bag, and took off my shoes, like everything was wonderful, because I didn't know that in reality everything was actually horrible, because how could I? I went to the phone to check the messages and listened to them one after another.

MESSAGE ONE: 8:52 A.M.
MESSAGE TWO: 9:12 A.M.
MESSAGE THREE: 9:31 A.M.
MESSAGE FOUR: 9.46 A.M.
MESSAGE FIVE: 10:04 A.M.

I thought about calling Mom. I thought about grabbing my walkie-talkie and paging Grandma. I went back to the first message and listened to them all again. I thought about running away and never talking to anyone again. I thought about hiding under my bed. I thought about rushing downtown to see if I could somehow rescue him myself. And then the phone rang. I looked at my watch. It was 10:22:27.

I knew I could never let Mom hear the messages, because protecting her is one of my most important raisons d'être, so what I did was I took Dad's emergency money from on top of his dresser, and went to the Radio Shack on Amsterdam[1]. It was on a TV there that I saw that the first building had fallen. I bought the exact same phone and ran home and recorded our greeting from the first phone onto it. I wrapped up the old phone, and put that in a grocery bag, and I put that in a box, and I put that in another box, and I put that under a bunch of stuff in my closet.

That night I really needed to hear him.

I was extremely careful not to make any noise as I took the phone out of all its protections. Even though the volume was way down, so Dad's voice of all its protections. Even though the volume was way down, so Dad's voice wouldn't wake Mom, he still filled the room, like how a light fills a room even when it's dim.

MESSAGE TWO. 9:12 A.M. IT'S ME AGAIN. ARE YOU THERE? HELLO? SORRY IF. IT'S GETTING A BIT. SMOKY. I WAS HOPING YOU WOULD. BE. HOME. I DON'T KNOW IF YOU'VE HEARD ABOUT WHAT'S HAPPENED. BUT. I. JUST WANTED YOU TO KNOW THAT I'M O.K. EVEYTHING IS FINE. WHEN YOU GET THIS, GIVE GRANDMA A CALL. LET HER KNOW THAT I'M O.K. I'LL CALL AGAIN IN A FEW MINUTES. HOPEFULLY THE FIREMEN WILL BE. UP HERE BY THEN. I'LL CALL.

I stared at the fake stars forever.

I invented.

I gave myself a bruise.

I invented.

I got out of bed, went over to the window, and picked up the walkie-talkie. "Grandma? Grandma, do you read me? Grandma? Grandma?" "Oskar?" "I'm ok. Over." "It's late. What's happened? Over." "I was talking to the renter."

The renter had been living with Grandma since Dad died, and even though I was at her apartment basically every day, I still hadn't met him. He was constantly running errands, or taking a nap, or in the shower, even when I didn't hear any water. Mom told me, "It probably gets pretty lonely to be Grandma, don't you think? Maybe she needs an imaginary friend. There's nothing wrong with someone needing a friend." " Are you actually talking about Ron now?" "No. I'm talking about Grandma." "Except actually you're talking about Ron." "No, Oskar. I'm not. And I don't appreciate that tone." "I wasn't using a tone." "You were using your accusatory tone." "I don't even know what "accusatory" means, so how could that be my tone?" "You were trying to make me feel badly[2] for having a friend." "No I wasn't." She put her hand with the ring on it in her hair and said, "You know, I actually was talking about Grandma, Oskar, but it's true, I need friends, too. What's wrong with that`?" I shrugged my shoulders. "Dont't you think Dad would want me to have friends?"

1 Amsterdam – street name
2 feel badly [sic] – feel bad

Jonathan Safran Foer: Extremely Loud and Incredibly Close. Penguin 2006 S.68–70 (auch: Houghton Mifflin, 2005)

Questions on the text

Read all the questions first, then answer them in the given order.
Use your own words as far as is appropriate.

1. *Sum up what happens on the day Oskar's father dies and what Oskar, alone in his room, does a couple of years later.* (20 P.)
2. *Examine Oskar's father's message. What do the message and its language tell you about the situation he finds himself in and about his feelings?* (20 P.)
3. *Analyse Oskar's relationship with his mother and his grandmother. To what extent does his behaviour towards these two people characterize him?* (20 P.)
4. *Examine the protagonists' strategies of coping with the loss of a father, a son or a husband.* (10 P.)
5. *How does the author use language to convey Oskar's distress?* (10 P.)

Composition

*Choose **one** of the following topics. Write about 150 to 200 words* (40 P.)

1. *A real friend is one who walks in when the rest of the world walks out.*

2. *Security versus individual liberties: have the measures taken since 9/11 gone too far?*

3. *Describe the cartoon as precisely as you can. Sum up what you regard as its intention.*

From: http://cagle.msnbc.com/news/9-11 Anniversary2003/2.asp

Translation

Translate the following text into German. (40 P.)

M 2

That September 11th changed America dramatically is hardly open to debate: George Bush's presidency has been about little else since then. But some of the changes have been unexpected. Who would have guessed, as a shocked country rallied round the flag, that five years later partisan divisions would be deeper than ever? Who would have guessed, as the president pledged that "the people who knocked these buildings down will hear all of us soon," that five years later Mr bin Laden would still be at liberty?

The attacks brought an abrupt end to the "holiday from history" that followed the fall of the Soviet Union. They also brought an abrupt end to America's sense of invulnerability: for all its military might, the country was wide open to attack from fanatics living in caves in Afghanistan.

All this produced a mood of soul-searching. It also produced something more visceral: a desire for revenge.

From: The Economist, September 2nd 2006

Erwartungshorizont zu Questions on the text

Aufgabe 1

- events of 9/11:
  - Oskar comes home, probably from school
  - he goes to the phone and checks the answering machine for new messages
  - then he listens to the new messages; he realizes that something really terrible must have happened because
  - he thinks about phoning his mother and paging his grandmother, but instead
  - he listens to the messages again; it seems as if he cannot believe what has happened and obviously he is completely confused about what to do in this situation
  - later in the text it becomes clear that his father is caught in one of the two towers of the World Trade Center which have just been hit by planes that were hijacked by terrorists; he tries to get into contact with his family and has left five messages
  - he thinks about "running away" (l. 13), "hiding under [his] bed" (l. 14), and about "rushing downtown" (l. 15) because he wants to help his father
  - at 10:22:27, the phone rings again, but he does not answer the phone (maybe because he is afraid of the possibility that his father calls again and he does not know what to tell him)
  - he takes his father's emergency money (l. 18) and goes to an electronics store where he buys a new phone which is identical to the one they already have
  - on a TV in the store he sees that the first building of the twin towers has fallen
  - when he comes back home, he copies the greeting from the original phone to the new one and hides the old phone in his closet
- events that happen a couple of years later:
  - Oscar takes out the hidden phone and listens to the messages again
  - he tries to be as quiet as possible and very carefully turns the volume down so that he will not wake up his mother
  - when he hears his father's voice, he is deeply touched and obviously has difficulties to deal with his feelings because he first stares at his "fake stars", then he "invents", and he even hurts himself deliberately (ll. 35 – 37)
  - finally he contacts his grandmother on his walkie-talkie

6

Aufgabe 2

- the message explains the situation in the twin towers: there is smoke everywhere and the people who are caught there are waiting for the firemen to rescue them
- it also shows his father's distress:
- on the one hand, he hopes that he will be rescued soon
- on the other hand, he seems to have already realized that his situation is almost hopeless because
  - he asks family to tell the grandmother that he is alright – maybe he thinks that he will not be able to do that himself any more
  - he says that "hopefully" (l. 33) the firemen will be there soon – he is not sure that this will happen
  - he tries to get into contact with his family every 15 to 20 minutes – it seems that he desperately wants to talk to any of them personally because he maybe knows that it will be for the last time
- but he tries to seem calm and talks down the danger he is in because he does not want to worry his family: "It's getting a bit smoky" (ll. 29/30) (euphemism)
- the sentence structure intensifies his distress:

- short, partly elliptical sentences ("sorry if", l. 29): he does not know what to say or how to say what he (really) wants to say
- frequent use of full stops: it is difficult for him to speak because of the smoke, and because he is in deep distress: it seems to cause him a lot of effort to articulate every single word

Aufgabe 3

- relationship Oskar – mother:
  - after listening to his father's messages he first thinks about calling his mother, so she is very important to him
  - Oskar does not want his mother to be hurt, thus he wants to protect her; this is why he does not want his mother to listen to his father's messages and the reason why he hides the phone and never tells her about the messages
  - obviously, he does not want his mother to have a new (boy)friend because he seems to be angry that she is on close terms with Ron:
    - it seems that he does not want another man to take his father's place
    - it also seems that he does not want to share his mother with anybody else
- relationship Oskar – grandmother:
  - Oskar's grandmother is also important to him because she is the second person he thinks about contacting after listening to the messages
  - after listening to his father's messages years after 9/11 (his father's death) he contacts her
  - he cannot understand that she needs a friend, too; apparently, he feels about her like he feels about his mother
- Oskar's character:
  - on the one hand, he behaves like an adult because he takes on responsibility for his mother and "protects" her
  - on the other hand, he behaves like a child because he does not want to share his mother and grandmother with anybody else
  - he is egoistic because he keeps his father's messages for himself; maybe they would make his mother very happy and would be some kind of consolation and comfort for her

Aufgabe 4

- Oscar's strategy of coping with his father's death:
  - he keeps his father's messages as a secret memento
  - he can listen to them whenever he wants to; when he does so, his father seems present and in some way alive to him
  - he does not tell anybody about the messages and apparently has no intention to do so
- Oskar's grandmother's strategy:
  - it seems that she has invented a man whom she claims to be her "renter" (l. 41), but nobody in the family has ever seen him
  - this invention helps her to overcome her loneliness
- Oskar's mother's strategy:
  - she seems to have a boyfriend named Ron
  - it seems that she feels that life has to go on and that she tries to lead a normal life
  - she is still wearing her wedding ring which shows that she has not put the past behind her
- Oskar and his grandmother cope with the loss by escaping into some kind of dream world, whereas Oskar's mother's strategy of coping is realistic and pragmatic

Aufgabe 5

- extensive use of
  - repetitions
    - of the personal pronoun "I" (e.g. ll. 1–6, 35–40)
    - of the beginnings of sentences ("I thought", ll. 13, 14 and 15)
  - short sentences
  - shows that Oskar is confused and has to deal with his feelings of loss, helplessness and guilt
- question: "How could I?" (ll. 5/6): shows that he is not able to cope with what happened that day
- detailed descriptions: exact indication of time (l. 16): shows that Oskar has not forgotten the tiniest detail after all this time; the events of 9/11 seem to have engraved themselves in his memory
- comparison: "he still filled the room, like how a light fills the room even when it's dim" (ll. 27/28): shows how much he misses his father; his father is the only one who could bring light into the darkness of Oskar's life that the loss of his father has caused

Bearbeitungshinweise zu Composition

Aufgabe 1

Bei diesem Thema kommt es darauf an, diese Aussage zu belegen. Dazu müssen überzeugende Beispiele gefunden werden, anhand derer der Wahrheitsgehalt dieser Aussage illustriert werden kann. Angesichts des verhältnismäßig geringen Umfangs dieses Aufsatzes sind zwei möglichst ausführliche und anschauliche Beispiele ausreichend.

Aufgabe 2

Bei diesem Thema ist eine Pro-und Kontra-Argumentation erforderlich. Da aufgrund des geringen Umfangs dieses Aufsatzes das Thema nicht erschöpfend behandelt werden kann, erscheint je ein Pro- und ein Kontra-Argument ausreichend. Die Konsequenz daraus ist, dass die beiden Argumente ganz entscheidende Aspekte zum Thema behandeln müssen. Als Argument dafür, dass die seit dem 11. September ergriffenen Maßnahmen tatsächlich zu weit gehen, könnte man z. B. die massiven Menschenrechtsverletzungen in Guantanamo anführen. Als Gegenargument liegt die immer noch aktuelle Bedrohungssituation durch terroristische Attentate in vielen europäischen Ländern auf der Hand, die durch diese Maßnahmen nicht verbessert wurde.

Aufgabe 3

Hauptaufgabe dieses Themas ist es, das Bild möglichst genau zu beschreiben, wozu ein bestimmter Wortschatzbereich notwendig ist, nämlich der zur Beschreibung von Personen (inkl. Bekleidung und Fanartikel). Die Intention dieses Cartoons (im Kern nämlich den unreflektierten 9/11-Tourismus und -„Ausverkauf" zu kritisieren) lässt sich in wenigen Sätzen ausdrücken.

Musterübersetzung

Dass der 11. September Amerika dramatisch verändert hat, lässt sich kaum bestreiten; schließlich war George Bushs Präsidentschaft seither beinahe ausschließlich von diesem Thema bestimmt. Allerdings waren manche der Veränderungen doch überraschend. Wer hätte damals, als eine Nation unter Schock enger zusammenrückte, geahnt, dass die parteipolitischen Gräben fünf Jahre später tiefer denn je sein würden? Wer hätte damals, als der Präsident versprach: „Diejenigen, die diese Gebäude zerstört haben, werden schon bald eine Antwort von uns allen erhalten", geahnt, dass sich bin Laden fünf Jahre später noch auf freiem Fuß befinden würde?

Die Anschläge beendeten mit einem Mal die „Auszeit von der Geschichte", die mit dem Untergang der Sowjetunion begonnen hatte. Und sie nahmen den USA mit einem Mal das Gefühl der Unverwundbarkeit: Trotz seiner militärischen Stärke war das Land vollkommen ungeschützt gegen Angriffe von Fanatikern, die in Afghanistan in Höhlen lebten.
All das brachte die Amerikaner dazu, über sich selbst nachzudenken. Gleichzeitig rief es auch eine eher rationale Reaktion hervor: das Verlangen nach Rache.

6.1.2 Sachtext

M 3 Michael Wines Fill Notebooks, And Then A Few Bellies

JOHANNESBURG – I recently bought an elaborate dinner for some of my sources. Given the jaundiced eye some people train on journalists these days that may sound tawdry, if not downright corrupt.

So be it. These particular sources live outside Lusaka, the capital of Zambia. They are stone-crushers, a class of laborers who cling to the lowest social rung even in this, one of the world's poorest nations. Mostly women and children, they live by reducing boulders to gravel and powder, which are sold to local construction workers at starvation-level prices. Their lives are as miserable as those of almost any group I have seen in three years in Africa.

So after a few hours of interviews about their struggle to survive, I left them and drove to a grocery. There I bought about $ 75 worth of food: cornmeal, cooking oil, rice, orange concentrate, bread, milk, a big bag of candy. Then I returned and unloaded it, to undiluted pandemonium – mothers' riotous joy; youngsters mobbing for sweets; actual dancing in the street; for 30 people, a real live Christmas in July.

They were that hungry.

No Westerner can travel the less developed world, at least outside the lobbies of the three- and four-star hotels that now populate most major cities, and not be struck by the immense gulf between their own personal wealth and the utter destitution of the masses around them.

How to respond to it is a moral dilemma that lurks in the background of many interviews. Reputable journalistes are indoctrinated with the notion that they are observers – that their job is to tell a story, not to influence it. So what to do when an anguished girl tells a compelling story about her young brother, lying emaciated on a reed mat, dying for lack of money to buy anti-AIDS drugs? Is it moral to take the story and leave when a comparatively small gift of money would keep him alive? If morality compels a gift, what about the dying mother in the hut next door who missed out on an interview by pure chance?

In reputable journalism, paying for information is a major sin, the notion being that a source who will talk only for money is likely to say anything to earn his payment. So what to do when a penniless father asks why he should open his life free to an outsider when he needs money for food?

Sometimes, an article moves generous readers to contribute their own money toward bettering the situation of a source, or his family, or even an entire village. Two years ago, after my fellow correspondent and wife Sharon LaFraniere and I profiled a Swaziland town hit hard by AIDS, readers of *The New York Times* offered about $ 10,000 to give its residents lifesaving access to antiretroviral[1] drugs.

But here, too, there are hurdles. How can money be funneled[2] securely to villages without banks? Even if the money can be transferred, can people to whom $ 10,000 is a vast fortune be trusted to spend it wisely? What if money is misused or goes for naught? Have readers been misled?

Most wrenching[3] of all, what happens when the money runs out? Outsiders' gifts are balms, but many needs – for food, AIDS drugs, tuition – are chronic. In passing out small amounts of money, is it right to raise hopes that are destined to be dashed?

Even skeptical journalists are occasionally misled. Playing on the compassion – or guilt – of outsiders is a basic survival tactic among some of the poor.

There are few fixed rules to cover such situations. My own code is simple: I never give people money in advance of an interview. I argue that the value of educating the world about their problems is reason enough to talk. When I am personally moved by an individual's situation, I sometimes offer help after completing an interview, and tell myself that I cannot also help all his neighbors and friends without impoverishing myself.

Those rules are no panacea. But better to light one candle, so to speak. That said, it can be haunting to realize that it is in fact usually just one candle, and usually in places where bonfires are needed.

1 *antiretroviral – used to treat HIV*
2 *funneled – here: transferred, sent*
3 *wrenching – here: saddening*

From: New York Times, September 4, 2006

Questions on the text

Read all the questions first, then answer them in the given order.
Use your own words as far as is appropriate.

1. *What did Michael Wines experience in Zambia and how did he react? Refer to lines 4 to 17.* (10 P.)
2. *Analyse the moral dilemma he and many of his colleagues find themselves in.* (20 P.)
3. *What personal journalistic „code" (l. 44) has Wines developed to find a way out of this dilemma?* (10 P.)
4. *How effective, according to Wines, are money donations?* (20 P.)
5. *What is the function of the very first sentence of the text?* (10 P.)
6. *Analyse two rhetorical devices the writer uses to appeal to the reader and to make his article interesting.* (10 P.)

Composition

*Choose **one** of the following topics. Write about 150 to 200 words.* (40 P.)

1. *By helping others we also help ourselves. Discuss.*
2. *Write a newspaper leader entitled „Poverty in the USA/Britain today".*
3. *You have seen a shocking picture in a newspaper. Write a letter to the editor pointing out why you find this particular picture so appalling.*

Translation

Translate the following text into German. (40 P.)

M 2

No one is likely to adopt Hermia. At 14 she is too old and she also has a younger brother. So, because their father disappeared some years ago and their mother died last year at 32, probably of AIDS, the pair rely on the generosity of others. The family next door has taken them under their wing, making sure they go to school.

While Madonna's controversial adoption of a 13-month-old boy from a Malawi children's home has focused attention on Africa's orphans, Hermia's plight is more typical of that of millions of children across sub-Saharan Africa orphaned by AIDS, malaria or conflicts.

Adoptions by foreigners are welcomed by many Africans working with distressed children, despite concerns about plucking youngsters from their own culture. But foreigners almost always want to adopt babies, overlooking the older children and that for every child taken overseas, hundreds of thousands remain in institutions or grapple to survive on their own.

From: The Guardian, October 18 2006

Erwartungshorizont zu Questions on the text

Aufgabe 1

- Michael Wines, a journalist, reported about the extremely miserable living conditions of many people who live outside Zambia's capital Lusaka
- especially women and children have to work extremely hard to earn some money (they work as stone crushers), but they cannot make a living with that money; they do not even earn enough money to buy food
- after his interviews with these people Wines was so shocked about their misery that he bought food for about 30 people, who were overjoyed
- Wines is deeply distressed and angry about the poverty he encountered when he travelled the "less developed world" (l. 15) and about the "immense gulf" (l. 16) between rich and poor

Aufgabe 2

- as a journalist, it is Wines's job to report about the problems in a neutral and objective way, which means he is expected to "tell a story, not to influence it" (l. 20)
- this is the reason why he must not bribe his sources, because if he gives his sources money, they might not tell the truth and say things they believe the interviewer wants them to say
- but at the same time, Wines feels compelled to help the people he interviews when he sees the enormous extent of suffering because of poverty, hunger and illnesses because
  - he thinks it is morally reprehensible to listen to people's sad stories and then just leave and do nothing to help them immediately although a small amount of money would help these people to survive
  - sometimes he might not get the information he needs without paying some money; if he does not pay his potential sources, he will not be able to report about them and if readers are not informed, they will not be able to help

6

- besides, this moral dilemma is also a personal dilemma for every journalist: it is impossible for him to help all the people who are in need of help, so he has to decide about where to draw the line
- a journalist also has to decide who to trust because some poor people "play (...) on the compassion – or guilt – of outsiders" (ll. 41/42)

Aufgabe 3

- – Wines decided to never give people money before the interview and asks people to tell him their story for free by arguing that the main reason to tell their story should be to inform the world about their problems; however, this can still be an important form of help because readers might be moved to donate money
- if a story moves him particularly he sometimes helps individuals by donating some money after the interview, but he is aware that he cannot help all the people who are in need of help
- this code helps him to remain a "reputable" journalist (l. 25) because he does not pay people for their stories and thus he stays an "observer" (l. 19); at the same time, he can still help people, maybe to ease his guilty conscience

Aufgabe 4

- – he considers financial help to be very important because he donated money himself and expresses his hope that his readers are moved by his reports as he tells about a report he wrote about AIDS victims in a Swaziland town that moved many readers of the New York Times to donate large sums of money
- but there are a lot of problems with the donated money:
  - in some villages there are no banks, so it is difficult to transfer money
  - the people who get the money there are not used to deal with large sums
  - sometimes the donated money is "misused" (l. 36), wasted for nothing or does not reach its destination
  - false hopes might be raised
- besides, this kind of financial help soothes the symptoms, but does not solve the real problem because once the donated money is used, problems like AIDS etc are still there
- although Wines considers financial help to be important he clearly doubts that money can solve the problems of the "less developed world" (l. 14)
- yet he believes that it is "better to light one candle" (l. 49) although "bonfires are needed" (l. 51)

Aufgabe 5

- the first sentence is intended to strike the reader as unusual and to arouse false expectations
  - the reader is misled by the journalist because the reader might think that he bribed his sources to get the information he wanted and thus seems to be "corrupt" (l. 3)
  - as the reader reads on he realizes that
- these "sources" (l. 1) are poor people who are in desperate need of food
- that the journalist did not buy them an "elaborate dinner" (l. 1) but basic food such as "cornmeal, cooking oil, rice" etc. (l. 10)
- he bought these things only after the interview

Aufgabe 6

- the text abounds in stylistic devices, esp. in respect to imagery:
  - personification (l. 16): the hotels are a symbol of the rich and the picture that they spread all over the world and can now be found even in very poor regions stresses the journalist's warning that the gap between rich and poor is becoming wider and wider

  - antithesis (ll. 16/17): the contrast of the two phrases "personal wealth" and "utter destitution" also emphasizes this warning
  - metaphor (l. 38): a "balm" is an ointment which helps to heal wounds, but it does not cure severe diseases, so money is described as a means to ease the misery of the poor, but it does not solve the problem of poverty
  - metaphor/contrast (ll. 49 – 51): the candle is used as a variation of the "balm" metaphor and expresses that one candle lightens the darkness of misery a little bit even though much more is necessary to help to eradicate poverty which is expressed by the phrase "bonfires are needed"
- the reader is directly addressed and involved by
  - rhetorical questions (e.g. ll. 27/28)
  - real questions (e.g. ll. 34 – 37)

  because the journalist wants the readers to think about his and his colleagues' dilemma
- emphasis through sentence structure (here: short sentences):
- "So be it." (l. 4) shows that the journalist, ironically, refuses to consider this criticism
- "They were that hungry." (l. 14) emphasizes how poor the people really are

Bearbeitungshinweise zu Composition

Aufgabe 1

Die Aufgabenstellung „Discuss" erfordert eine kritische Auseinandersetzung mit dieser Aussage, das heißt (mindestens) ein Argument, das diese Aussage unterstützt, muss mit einem Argument, das die Aussage widerlegt, konstrastiert werden. Entscheidend dabei ist, dass diese Argumente sich nicht widersprechen dürfen, da man sonst sich selbst widerlegt, was natürlich als logischer Fehler gewertet werden muss. Darüber hinaus sollte der Aufsatz steigernd angelegt werden, das heißt, das wichtigste Argument gehört an den Schluss. Inhaltlich muss darauf geachtet werden, dass die Thesen mit überzeugenden Beispielen konkret und anschaulich illustriert und untermauert werden.

Aufgabe 2

Bei dieser Aufgabe ist es notwendig, mit dem Inhalt und Aufbau eines Leitartikels (oft auf der Titelseite von Zeitungen zu finden) vertraut zu sein. Entscheidend ist, es handelt sich hier um einen meinungsbetonten Text: Hier wird also erwartet, dass der Text das Problem der Armut in den Vereinigten Staaten von Amerika oder in Großbritannien darstellt und dabei seine eigene Meinung deutlich zum Ausdruck bringt. Ohne landeskundliches Wissen lässt sich dieses Thema nicht bearbeiten, denn selbstverständlich muss die persönliche Meinung auf korrekten Fakten beruhen. Nicht zu vergessen ist auch, dass die optische Gestaltung des Aufsatzes der Form des Leitartikels gerecht werden sollte.

Aufgabe 3

Die Schwierigkeit dieser Aufgabe beruht darin, dass eine Bildbeschreibung „ohne Bild", d.h. ohne konkrete Bildvorlage, verlangt ist. Die einzige inhaltliche Vorgabe ist tatsächlich, dass das Bild „shocking" und in seiner Wirkung „appalling" sein muss. Der Fantasie des Prüflings ist also keine Grenze gesetzt. Die Bildbeschreibung kann aber nur dann überzeugend sein, wenn das „Bild" möglichst detailliert beschrieben wird, denn nur dann kann auch der Leser sich ein Bild davon machen. Außerdem sind hier die formalen Vorgaben zu berücksichtigen: Da es sich um einen Leserbrief an eine Zeitung handelt, darf die typische Anrede und Schlussformel nicht fehlen. Der Stil sollte außerdem sachlich sein; Umgangssprache ist zu vermeiden.

Lösungen zu Translation

Für Hermia werden sich wahrscheinlich keine Adoptiveltern finden. Mit 14 ist sie dafür zu alt und außerdem hat sie noch einen jüngeren Bruder. Die beiden sind, da ihr Vater vor einigen Jahren verschwand und ihre Mutter letztes Jahr im Alter von 32 Jahren starb – wahrscheinlich an Aids –, auf die Großzügigkeit anderer angewiesen. Die Nachbarfamilie hat Hermia und ihren Bruder unter ihre Fittiche genommen und sorgt dafür, dass die Kinder in die Schule gehen.
Madonnas umstrittene Adoption eines 13 Monate alten Jungen aus einem malawischen Kinderheim hat die Waisenkinder Afrikas ins Blickfeld gerückt. Hermias prekäre Lage entspricht jedoch eher der von Millionen Kindern, die in afrikanischen Ländern südlich der Sahara aufgrund von Aids, Malaria oder Gewalt ihre Eltern verloren haben.
Auch wenn sie es als problematisch ansehen, dass ein Kind aus seiner Kultur herausgerissen wird, begrüßen viele Afrikaner, die sich beruflich um Kinder in Not kümmern, Adoptionen durch Ausländer. Doch diese wollen fast ausschließlich Babys adoptieren und übersehen dabei die älteren Kinder sowie die Tatsache, dass auf jedes Kind, das im Ausland ein neues Zuhause findet, hunderttausende kommen, die weiterhin in einem Heim leben oder sich allein durchs Leben schlagen müssen.

6.2 Leistungskurs

6.2.1 Literarischer Text

M 1 **Lisa Tuttle** Turning Thirty

I walked into the pub off the Gray's Inn Road[1] and saw him slouching at the bar, and it was as if no time had passed.

The pub was one where we'd often met, and which I'd not visited since. I went in there today because I wanted a drink. It wasn't nostalgia or anything; to tell the truth, I'd hardly taken in where I was. The pub just happened to be the one I was passing at the moment I realized I really could not face the tube just then without a little lubricant.

With the end of our affair, we'd ceased to see each other. It wasn't something that had to be arranged: we had never moved in the same circles, and our one mutual acquaintance had moved to America soon after she'd introduced us.

Now at the sight, so familiar five years ago but not since, of my one and only adulterous lover, I came unanchored in time. I felt a little jolt, as if I'd seen a ghost, and then I shivered as that old sado-masochistic cocktail of lust and anger and loneliness began to spread throughout my system, and I went up to him with a sort of casual, sort of wicked grin, the way I used to, as if we'd planned this meeting and I was pretending we hadn't.

We drank; we flirted; we fought. And all of a sudden the barman was calling time. That couldn't be right. But the clock on the wall said it was, and I looked around and realized we were the only customers left.

We walked all the way down to Holborn[1] tube station, hand in hand, like innocent lovers. The hour and the darkness gave us that freedom.

„You're driving me crazy," he said, low-voiced. „This is no good. I want to make love to you. Come back with me."

„To Kent? Your wife won't mind?"

„I'm on expenses. We can get a hotel room. I said I might have to stay overnight ... In fact, I do; I've missed the last train."

All our lovemaking had been in dark corners or in cheap hotels. We'd only spent the whole night together twice. I'd planned and chosen night's Peter was away, but Nick had had to call home, once from a pay phone in a station, once from the hotel room.

I wanted sex with him, violent and annihilating, but I couldn't deal with the emotions of before and after.

„I can't," I said abruptly, pushing him off, fixing my clothes. „I haven't missed my train and I'm not going to." I began walking towards the station.

„I'm sorry," he said humbly. Although we'd both been married, both, therefore, equally guilty, I'd reserved the role of the innocent. Of course, the husband I betrayed had already betrayed me, but I didn't tell Nick that. From his readiness to shoulder all the guilt I guessed that I was not the first woman his wife might have cause to hate. This, of course, added to the anger I felt at him and at faithless men everywhere.

„If you knew how much I've missed you – how much you still mean to me – can I see you again?"

„I don't think so," I said. „Nothing's changed. Has it?"

He looked very sad. „I guess not."

I had a ticket, he didn't, so I pushed through the turnstile and left him without looking back. In my mind, though, I never stopped looking back. I had plenty of time to think, for it's a long journey from Holborn to South Harrow[2], with a long, cold wait on the platform at Acton Town[2] making it even longer at that time of night.

Tears came to my eyes and then dried up. Older recollections– highly charged sexual moments – mingled with the memories of a few hours before. Things he'd said to me, things we'd done. Even more powerfully: all the things we hadn't done.

I was fairly drunk. Feeling no pain, as they say – except in my heart. As I walked up the hill from South Harrow station I cursed myself for not having gone with him, for not having seized a precious few hours of joy. Why did I always worry about what came next, why was I so desperate never to be caught out, always to behave correctly? What was the big deal about faithfulness and propriety, and getting home before dawn? It had never made me happy.

All too soon I was standing on the doorstep, trying to dig out my key from the clutter in the bottom of my handbag. I couldn't find it, but that didn't mean a choice between dumping everything out on the ground or ringing the bell – long ago, and without telling Peter, I had hidden a spare as insurance. The brick was still loose and the key was still there. It was a bit stiff turning in the lock, but it let me in.

The house was dark and silent. He hadn't even left a light on for me. I felt annoyed and yet relieved that I wouldn't have to hide my guilt and lie. With luck, I wouldn't wake him. I switched on the light in the corridor and opened the bedroom door and then I stared in horror feeling everything, my own sense of identity, swirling madly.

The bedroom furniture had changed. The bed was in a different position. And in the bed, sleeping besides Peter, was a woman. Peter's wife.

Not me – I wasn't Peter's wife any longer. I wasn't anything to Peter. Not since our divorce had become final, more than two years ago. And for two years before that we had ceased to live as man and wife.

I stared and stared as if seeing a ghost, but the only ghost in that house was me, the ghost of myself as I had been five years ago, when I was turning thirty. Meeting Nick tonight had brought that troubled young woman back to life, made her more real than the woman I thought I was now, thirty-five and single, living in a shared flat in Kilburn[2], with a room and a life of her own. What sort of a life was it that could vanish so completely after a brief meeting with an old lover?

1 *Gray's Inn Road, Holborn – places in central London*
2 *South Harrow, Acton Town, Kilburn – London suburbs*

From: Lisa Tuttle: „Turning Thirty", in: The Time Out Of Book Of Londen, Short Stories, 1993

Questions on the text

Read all the questions first, then answer them in the given order.
Use your own words as far as is appropriate.

1. *Describe how and where the meeting between the narrator and Nick comes about.* (10 P.)

2 *Sum up the information the text contains about their relationship up to the meeting in the pub.* (10 P.)

3. *Do the couple's words and actions that night confirm the narrator's impression that „no time had passed" (l. 2) since their affair? Give evidence from the text.* (20 P.)

4. *Examine the narrator's feelings and reflections after she has left Nick. Why does she refuse to have sex with him, and how does she herself feel about her decision later?* (20 P.)

5. *What is the surprise at the end of the story? Analyse as precisely as you can how the writer prepares us for it and how we and the narrator are disillusioned step by step.* (20 P.)

6. *What do the ending and the title reveal about the narrator's state of mind and her situation in life?* (10 P.)

7. *How does the narrative technique affect the reader's perception of the story? Show that the narrative perspective is important for the surprise ending* (10 P.)

Composition

Choose **one** *of the following topics. Write about 250 to 300 words* (40 P.)

1. *Do gender roles as presented in British and/or American media reflect reality in modern society?*

2. *Faithfulness – a concept of the past?*

3. *The power of passion in literature. Choose one work by an English-speaking writer and say why it has impressed you.*

4. *You have been asked to contribute an article for the student magazine* Happy Scholar *on different aspects of life in a shared flat. Speaking from your own experience advise a newcomer on the advantages and disadvantages.*

Translation

Translate the following text into German. (50 P.)

M2

Culturally unique to the UK, pubs[1] are sociable drinking establishments that often act as the focal point of the community, particularly in villages and small towns.

The drinking of alcohol in pubs has a long history in the UK, dating back to Roman England when inns were opened for weary travellers to buy refreshments during their long journeys. By the time the Romans left, the beginnings of the modern pub had been firmly established. During the early Middle Ages the demand for inns began to grow as pilgrimages and travel became more popular. In 1393 King Richard II passed a law stating that all landlords must erect signs outside their pubs, or else risk losing their right to sell ale. This was how the 'pub sign' came into being with most pub signs containing pictures rather than words because most pub patrons were illiterate. Today, many British pubs still have decorative signs hanging over their doors.

The mid 19th-century saw restrictions being placed on the opening hours of licensed premises. However, the Licensing Act[2] 2003 has allowed pubs to apply to the local authority for opening hours of their choice. It is worth noting here, though, that licensing laws in Scotland differ from the rest of the UK, and pubs there generally have more flexible opening hours.

1 *pub(s) – nicht übersetzen*
2 *Licensing Act – nicht übersetzen*

From: http://www.lookupapub.co.uk/uk_pub_guide.asp

Erwartungshorizont zu Questions on the text

Aufgabe 1

- the narrator and Nick meet in a pub in London because she wants to have a drink before she gets home
- the pub turns out to be the place where she met Nick quite often met five years ago while they were having an adulterous love affair
- the narrator claims that she did not choose this pub on purpose

Aufgabe 2

- five years ago the narrator and Nick had an adulterous love affair
- they have not seen each other again since their relationship ended
- their relationship was mainly based on physical attraction (cf. ll. 12/13, 28 and ll. 45/46)
- there was not anything romantic about their affair because they had to meet in hotel rooms and "dark corners" (l. 25); in fact, they only spent two nights together
- to do that, they lied to their partners
- while Nick has betrayed his wife several times, according to the narrator (l. 35), Nick was the only affair she had during her marriage
- she was divorced two years ago; Nick is still married

Aufgabe 3

- indeed it seems that "no time had passed" (l. 2) since their affair:
  - the narrator greets him with a "casual" grin (l. 13) the way she used to greet him while they were lovers (l. 14); to a spectator they would seem to have a normal date
  - as soon as she sees him she feels sexually aroused (ll. 12/13)
  - they do the same things they were probably doing while they were a couple: they drink, flirt and fight (l. 15); on their way to the tube they obviously passionately kiss and caress each other because she has to fix her clothes (l. 30)
  - when the pub is about to close ("barman was calling time", l. 15), they are surprised that time has passed by so quickly
  - together they walk to the tube station, "hand in hand, like innocent lovers" (l. 18)
  - he still wants to make love to her (ll. 20/21), and the same is true for her: she feels a craving for sex with him (l. 28)
- however, it becomes clear that time has passed: she is in a state of excitement and confusion; thus she does not go with him (l. 30)

Aufgabe 4

- she is totally confused
- she refuses to have sex with him because
  - she thinks she cannot deal with her emotions "of before and after" (l. 29)
  - she feels angry at Nick because of his faithlessness; she supposes that she is not the only woman with whom he has betrayed his wife
- she even cries (l. 45)
- she remembers things from their time together, especially moments they shared in sexual respect, moments of sexual joy
- she regrets her decision because she is afraid of having missed a few more moments of happiness (ll. 49/50) in the same way as she regrets that she did not do more with Nick when they were together (l. 47)
- she realizes that all her life she has worried too much about what others might think of her, about how "to behave correctly" (l. 51), about "propriety" (l. 52), and too little about her own happiness; she also realizes that she is not happy

Aufgabe 5

- first the reader thinks that she is returning home to her husband Peter, but then it is revealed that Peter is not her husband any more, that they are divorced, and that he has a new wife
- the narrator realizes that she is not Peter's wife any more when she stands in his bedroom:
  - very shortly after she has entered the bedroom she becomes aware that the furniture is different and that there is a woman beside Peter (ll. 62/63)
  - the narrator and thus the reader are shocked because it seems that Peter is betraying her
- the surprise is that the woman is Peter's wife (l. 63) and that the narrator has obviously been lost in time
- in the next few lines it becomes clear to the reader that the narrator has been divorced for two years
- the writer prepares the reader for this ending by some remarks about time and by the remark about the key:
  - "as if no time had passed" (l. 2)
  - "I came unanchored in time" (l. 11)
  - "It [the key] was a bit stiff turning in the lock" (ll. 56/58) because it has not been used for several years

Aufgabe 6
- the failure of her marriage somehow destroyed her life
- now she lives in a shared flat (l. 70); apparently she is short of money
- the life she has "vanish[es] [...] completely" (l. 71) when she meets Nick which shows that her life does not seem real to her: she does not any longer know what is real
- this is why she talks about herself as a "ghost" (l. 67): she feels that she is not "real" any longer, that she has lost her identity, her real self
- "turning thirty":
  - this is the time of her life she thinks about, the time she goes back to (with her visit at Peter's place she went back in time)
  - it marks an important point in her life: her affair with Nick ended, her marriage started to fall apart

Aufgabe 7
- first-person narrator
- the point of view is limited to what the narrator considers to be worth telling; the reader does not learn anything about Nick's perspective, for example
- subjective point of view and thus not always trustworthy; it can be doubted, for example, that she did not visit this particular pub where she regularly met Nick years ago on purpose
- the ending is surprising because the events that lead to this ending are told from the narrator's limited perspective: she seems to have completely forgotten about her real life, thus the reader is as confused as she is when she realizes the truth

Bearbeitungshinweise zu Composition

Aufgabe 1
Die Art der Aufgabenstellung impliziert eine kritische Auseinandersetzung mit der Frage, d. h. hier werden Pro- und Kontra-Argumente erwartet. Zur Bearbeitung eignet sich fast jede englische oder amerikanische Fernsehserie, die tagtäglich im deutschen Fernsehen ausgestrahlt wird, denn in jeder Serie sind Beziehungen zwischen Männern und Frauen und damit verbunden ihre jeweiligen Rollen von Bedeutung, häufig sogar indirekt Hauptthema (vergleiche z. B. „Gilmore Girls" oder „Friends"). Ähnliches gilt für Kinofilme. Entscheidend ist, dass der Inhalt der Filme mit der Wirklichkeit in der modernen Gesellschaft kontrastiert wird, wobei natürlich die Frage ist, was diese Wirklichkeit ist. Daher ist es sinnvoll, von der eigenen Lebenswirklichkeit auszugehen, die man oft überzeugender darstellen kann als die anderer Personen oder Personengruppen. Dass man sich aufgrund des vorgegebenen Umfangs auf relativ wenige Aspekte beschränken muss (im Verhältnis zu den Möglichkeiten), versteht sich von selbst.

Aufgabe 2
Wie beim ersten Thema ist hier eine Diskussion verlangt. Als Argument dafür, dass „faithfulness" heute tatsächlich an Bedeutung verloren hat, könnte die steigende Scheidungsrate ins Feld geführt werden: Nicht wenige Ehen zerbrechen an der Untreue des einen oder anderen Partners. Hieraus ergibt sich das Gegenargument: Treue ist immer noch ein wichtiger Wert, der Freundschaften, Beziehungen und Ehen stärkt und damit von großer Wichtigkeit für das Zusammenleben in der Gesellschaft ist.

Aufgabe 3
Dieses Thema bietet viele Möglichkeiten, denn jeder Schüler hat in der Oberstufe mindestens ein Werk von Shakespeare (bei dem Leidenschaft immer eine Rolle spielt), ein modernes Drama, einen modernen Roman sowie Kurzgeschichten und Gedichte gelesen, von denen sicher ein Werk Anknüpfungspunkte bietet. Man denke nur an Shakespeares Tragödie „Romeo and Juliet", in der die Leidenschaft die Protagonisten in den Tod treibt, oder an das moderne Drama „Closer" von Patrick Marber, in dem die Protagonisten von Leidenschaften getrieben Beziehungen eingehen und beenden und trotzdem nicht glücklich werden. Der Roman „The Namesake" von Jumpa Lahiri beispielsweise erzählt von einem Vater, der sein Kind aus Leidenschaft für den russischen Dichter Gogol nach diesem benannt, und damit dem Leben des Sohns eine ganz bestimmte Prägung gibt. Die Kurzgeschichte „The Factory" erzählt von einem Mann, dessen ganze Leidenschaft der Fabrik gehört, in der er arbeitet. Diese Aufzählung lässt sich endlos weiterführen. Sollte einem Schüler trotzdem kein seiner Meinung nach geeignetes Werk einfallen, dann sollte er sich fragen, ob der Text der literarischen Abituraufgabe nicht den Inhalt für die Bearbeitung dieses Themas bietet!

Aufgabe 4
Die inhaltlichen Aspekte bei der Bearbeitung dieses Themas sind klar vorgegeben: Die Vor- und Nachteile des Lebens in einer Wohngemeinschaft müssen anhand verschiedener Aspekte erläutert werden. Die größere Herausforderung besteht bei diesem Thema in der sprachlichen Gestaltung hinsichtlich des Adressatenbezugs: Da der Artikel in einer Zeitschrift für Studenten erscheinen soll, wäre es sinnvoll, einen eher lockeren Stil und im Sprachniveau nicht zu förmlich zu schreiben, um den Adressaten, also den Studenten, gerecht zu werden.

Musterübersetzung

Pubs, eine kulturelle Besonderheit Großbritanniens, sind Einrichtungen für geselliges Trinken, die insbesondere in Dörfern und Kleinstädten oft den wichtigsten Treffpunkt bilden.
Das Konsumieren von alkoholischen Getränken in Pubs hat in Großbritannien eine lange Tradition, die bis in die Zeit der römischen Besatzung Englands zurückreicht. Damals wurden Gasthäuser eröffnet, damit sich müde Reisende auf ihren langen Fahrten Erfrischungen kaufen konnten. Als die Römer England verließen, waren die Vorläufer des modernen Pubs bereits fest etabliert. Im frühen Mittelalter wuchs der Bedarf an Pubs, da häufiger Pilgerfahrten und Reisen unternommen wurden. 1393 erließ König Richard II. ein Gesetz, nach dem jeder Wirt ein Schild vor seinem Pub aufzustellen hatte; andernfalls musste er mit dem Entzug der Erlaubnis zum Verkauf von Bier rechnen. So entstand das *pub sign*, das Schild vor dem Pub. Auf den meisten dieser Schilder waren statt eines Schriftzugs Bilder zu sehen, da die Gäste in der Regel nicht lesen konnten. Auch heute noch hängt über dem Eingang vieler Pubs ein dekoratives Schild.
Mitte des 19. Jahrhunderts wurden Lokalen mit Schankerlaubnis Beschränkungen der Öffnungszeiten auferlegt. Der Licensing Act von 2003 erlaubte es Pubs jedoch, bei der jeweiligen örtlichen Behörde unbeschränkte Öffnungszeiten zu beantragen. Dabei ist anzumerken, dass in Schottland andere Konzessionsgesetze gelten als im Rest des Vereinigten Königreichs und dass Pubs dort ihre Öffnungszeiten im Allgemeinen flexibler gestalten können.

6.2.2 Sachtext

M 2 Taking Liberties

What the war on Terror and the war on anti-social behaviour have in common

What's a government to do when faced with a bunch of undesirables whose guilt is difficult to prove to a court of justice? Lock them up without a proper trial, of course.

That's how the British government is dealing with people it suspects of terrorism. Its actions, including its shocking announcement last week of a new power of house arrest, have rightly been condemned as an attack on civil liberties. But cases of suspected terrorism are not the only ones in which the principles of the criminal justice system have been abandoned. The state has given itself new powers to deal with minor offences and other crimes which are scarcely less draconian than those to deal with suspected terrorism.

Over the past decade, anti-social behaviour – hellish neighbours, beggars, teenage gangs – has become a big worry in Britain. Rightly or wrongly, people think that drunkards and beggars are more aggressive these says, that teenagers are more threatening and that bad children have got worse. Explanations vary, with some blaming 1960s liberalism and others 1980s individualism. But all agree that the normal remedies for dealing with neighbourhood tyrants are not up to the task. The police lack the time to collecct evidence; witnesses are too scared to testify; wrongdoing is difficult to prove; and sentences are too mild.

In response to such difficulties, the government has created a new set of legal tools. Chief among them is the anti-social behaviour order, or ASBO. This is a list of restrictions tailored to an individual offender that can now be obtained either in a civil hearing or following a criminal conviction.

Troublemakers as young as ten years old can be barred from entering *neigbourhoods, ringing doorbells, using public transport* and mobile *phones* or even uttering words for a minimum of two years. Securing an ASBO is easy. Hearsay evidence, for instance, is admissible in court. The consequences of stepping out of line are weighty: a maximum of five years in prison for doing something that is not necessarily an offence in law. Not suprisingly, such a powerful weapon is popular: more than a thousand ASBOs were handed out in the first half of 2004.

That delights MPs, who were sick of hearing stories from their constituents about local teenagers who have terrorised the neighbourhood by blasting music, breaking windows and spitting at passers-by. Prosecutors and the police are also pleased. Their powers to deal with low-level offences used to be weak. Now they are so draconian that they undermine the principles on which the criminal justice system is built.

The power to obtain anti-social behaviour orders was granted to the police and local authorities on the assumption that they were to be used with restraint. Just as the government promises to subject only genuinely scary terrorists to house arrest, so the forces of law and order are supposed to aim their most potent weapon only at the most dedicated and egregious troublemakers. Don't worry, goes the typically British assurance: our powers may be draconian, but decency and common sense will ensure we don't overuse them.

That's not what has happened. Obtaining an ABSO is easy (fewer than one in 70 applications are turned down) that have been used to tackle a wide range of undesiderable behaviour. ASBOs allow the police to nail people for offences too minor to be criminal. Orders have been secured against crotchety old neighbours, prostitutes, beggars and mothers who argue with their children. Some of these people have subsequently been jailed for breaching their ASBOs: most absurdly, one man was sentenced to four months in prison for howling like a werewolf.

More worryingly, ASBOs allow the police to bypass the normal procedures of criminal justice when they suspect somebody of serious criminal activity but can't prove it. A suspected drug dealer, for instance, can be banned from using a mobile phone – a crucial tool, in his supposed profession. When he is caught doing so, he can be jailed.

It is not suprising that ASBOs are being used so frequently and so unwisely. After all, the English legal system is founded not on the assumption that everybody will behave with decency and restraint but on the rather more reliable conviction that most people, including the police, are capable of lying and may do so if it is to their advantage. Faced with two competing accounts of what one person has done to another, the courts normally give both of them a hard time. Accusations are minutely examined; witnesses are accused of fabricating their stories. Fail to make your case[1] and you lose.

As the police point out in defence of their enthusiasm for ASBOs, the criminal justice system does not always work well. If the police catch villains, prosecutors sometimes don't charge them; if they charge them, witnesses turn up to give evidence; if witnesses do turn up, the case is all too often adjourned because the courts administration is chaotic. These are, indeed, serious problems; but the government needs to deal with them, not create new, lazy ways around them. The safeguards built into the criminal justice system are there for a good reason. If the police think a man is a drug dealer but can't prove it, he shouldn't go to jail, however often he uses his mobile phone.

The defence of civil liberties is rarely a vote-winner. People are, understandably, moved more easily by violence against people than by attacks on systems. Politicans are keener to be seen to be protecting victims than defending the rights of suspects. In a country without a written constitution, the rules that underlie a properly-run society are particularly vulnerable to the whims of populist politicans, and vigilance is therefore especially important.

Britons are lucky people, and complacent ones. The liberties they take for granted have envolved over a thousand years or so. The idea that any one government should seriously undermine them implausible. It isn't.

1 to make your case here: to present your arguments in a convincing way

From: The Economist, February 5th 2005

Questions on the text

Read all the questions first, then answer them in the given order.
Use your own words as far as is appropriate.

1. *Explain how ASBOs work and describe the kinds of "offences" that may lead to an ASBO. Do not make a list of individual examples but categorise your findings instead.* (20 P.)

2 *Why have ASBOs been welcomed in British society?* (20 P.)

3. *Analyse what goes wrong with the ASBOs. Include the recurrent example of the suspected drug dealer in your answer.* (20 P.)

4. *Why does the writer use the example of terrorism to introduce an article on ASBOs? How does the headline comment on both of these aspects?* (20 P.)

5. *What type of text is this and what kind of reader is intended for? Justify your answer.* (10 P.)

6. *"Britons are lucky people, and complacent ones." (l. 68) Explain the sentence in its context. Show that it reflects the writer´s main intention.* (10 P.)

Composition

*Choose **one** of the following topics. Write about 250 to 300 words* (40 P.)

1. *"Big brother is watching us." – Is our privacy endangered by permanent suveillance?*

2. *Fighting crime means fighting the reasons for crime. Discuss.*

3. *Crime doesn't pay. Show how this theme is dealt with in a literary work by an English-speaking writer.*

4. *Imagine you are an English lawyer who represents somebody who is about to be sent to prison for breach of his ASBO. Write a convincing final speech for your client in court summing up the case and pleading clemency.*

Translation

Translate the following text into German. (50 P.)

M2

Tony Blair talks incessantly about respect, yet there are few who have done more to degrade authority's respect for the public. Nowhere is that better seen than in the behaviour of the police, which gradually becomes more coercive and imbued with the idea that we are all bad hats until we prove otherwise. We now live in a country where anyone can be arrested for the slightest offence and compelled to become part of the government's DNA database.

We live in a country where young boys are taken aside and questioned for trying to knock conkers out of chestnut trees on public ground. Where a grandmother whose neighbour accused her of not returning a ball kicked into her garden was arrested and required to give her DNA.

What runs through all this seems to be a rather suprising dislike of the British people. The prevailing account[1] of Britain in the current political establishment has become deeply pessimistic and, to my mind, wrong. Yes, we have problems with home-grown terrorism, a swelling underclass, unintegrating minorities, but there is another story. Britain is also a success and it should occur to one of our political leaders to compliment the nation on its adaptability and deep reserves of virtue.

1 *Account-here – imagine*

From: The Observer, October 29th 2006

Erwartungshorizont zu Questions on the text

Tipps zur Herangehensweise

Die Hauptschwierigkeit bei der Beantwortung der Fragen dieser Abituraufgabe besteht darin, dass die Fragen nicht in der Chronologie des Textes aufeinander aufbauen, sondern zu jeder Frage Informationen aus dem gesamten Text entnommen werden müssen. Dies verlangt dem Prüfling ein hohes Maß an Konzentration und Aufmerksamkeit für Details ab. Wer hier nicht sehr genau hinschaut, verliert schnell wichtige Punkte, was sich im Endergebnis deutlich bemerkbar machen kann.

Aufgabe 1

- an ASBO can be obtained from court by the police and local authorities in a civil hearing or after a criminal conviction (ll. 18/19)
- ASBOs are orders that restrain people from doing certain things, for example from "entering neighbourhoods, ringing doorbells" etc (ll. 20–21)
- children as young as ten years can be punished with an ASBO
- people to whom an ASBO has been applied can be punished by imprisonment for breaching their ASBO
- kinds of offences:
  - terrorising the neighbourhood by noise ("blasting music", l. 28), vandalism ("breaking windows", l. 28) and aggression ("spitting at passers-by", l. 29)

Aufgabe 2

- people feel more and more insecure and are worried about anti-social behaviour
- it is hard to punish low-level offenders because
  - the police do not have enough time to collect evidence (l. 14)
  - "witnesses are too scared to testify" (ll. 14/15) so they may not turn up at the hearing
  - these aspects make it hard to prove offences (l. 15)
  - if witnesses turn up, the case might be adjourned because of administrative problems (l. 62
  - as a consequence many charged (ll. 60/61) offenders are not
  - if they are charged, very often "sentences are too mild" (l. 15)
- MPs are pleased because now it seems that they successfully reacted to their constituents' complaints and improved their situation

Aufgabe 3

- although they were intended to be used with "restraint" (l. 33), too many were imposed (l. 48)
- even "hearsay evidence" is accepted in court (l. 22)
- instead of reforming the criminal justice system, the government created "new, lazy ways around" (ll. 59/60) the problem that often offenders are not punished for what they have done
- example of drug dealer: he is sent to prison for using his mobile phone (which is not illegal), not for selling drugs (which is illegal): still offenders are not punished for violating the law (but for breaching their ASBO)
- ASBOS therefore are a severe violation of British legal traditions

Aufgabe 4

- example of terrorism:
  - it serves as an eye-catcher because the issue of terrorism is omnipresent since 9/11
  - terrorism serves as an example of the British government's violation of civil rights: the government's treatment of suspected terrorists shows that in the fight against terrorism civil rights are violated

  - by comparing the treatment of suspected terrorists with the government's treatment of people who behave in an anti-social way the writer draws a striking parallel
- headline:
  - people take the liberty to behave in an anti-social way which means they feel free to do so
  - the British government takes away people's civil liberties by introducing the ASBO and thus takes the liberty to deliberately damage the unwritten constitution

Aufgabe 5
- type of text:
  - newspaper or magazine article
  - argumentative text: the writer both presents facts and comments on them
- intended reader:
  - source: The Economist: magazine for an educated readership with background knowledge of politics, law etc. that is interested in political issues etc. (here: interested in the government's actions concerning crime and punishment)
  - content: allusions to knowledge of politics, history etc. (e.g. "principles of the criminal justice system", l. 6; "1960s liberalism", l. 12; etc.)
  - style and language: complex sentence structure, educated words ("draconian", l. 30; "restraint, l. 33; "egregious", l. 35; etc.), technical terms ("civil liberties", l. 5; "low-level offences", l. 30; etc.)

Aufgabe 6
- "Britons are lucky": they live in a country with a long tradition of law and civil liberties
- "and complacent": they take these historic achievements for granted and ignore the fact that their rights might be taken away from them
- the writer's main intention: he wants to wake up the British people to stand up for their rights and defend them

Bearbeitungshinweise zu Composition

Aufgabe 1

Hier ist eine Pro- und Kontra-Argumentation gefordert. Als Pro-Argument lässt sich beispielsweise anführen, dass durch die Video-Überwachung von öffentlichen Plätzen unsere Privatsphäre insofern gefährdet wird, als dass sie nicht mehr existiert, denn durch diese Art der Überwachung, wie man sie z.B. aus Londons Innenstadt kennt, lässt sich jede Bewegung jedes Bürgers relativ lückenlos nachvollziehen. Auf der anderen Seite besteht darin auch der Vorteil der Video-Überwachung: Die Bekämpfung von Verbrechen und die Verfolgung von Verbrechern kann durch diese Maßnahme erheblich unterstützt werden.
Das Zitat entstammt dem Roman „1984" von George Orwell – ein Fakt, der sich sehr gut als Aufhänger für die Einleitung eignen würde.

Aufgabe 2

Auch hier müssen Pro- und Kontra-Argumente aufgeführt werden. Die Schwierigkeit bei der Bearbeitung dieser Aufgabe liegt in der Erläuterung der „reasons for crime" als Voraussetzung für die Diskussion: Was sind überhaupt die Gründe für Kriminalität? Eine sinnvolle grobe Unterscheidung ist die zwischen notorischen Kriminellen, die aufgrund ihrer Herkunft bzw. ihres Milieus zu Verbrechern wurden, und denjenigen, die im Affekt, aufgrund äußerer Umstände oder außergewöhnlicher Situationen kriminell wurden.

Aufgabe 3
Dieses Thema bietet viele Möglichkeiten, denn jeder Schüler hat in der Oberstufe mindestens ein Werk von Shakespeare, ein modernes Drama, einen modernen Roman sowie Kurzgeschichten und Gedichte gelesen, von denen sicher ein Werk Anknüpfungspunkte bietet. Man denke nur an Shakespeares Tragödie „Macbeth", in der Macbeth aus Machtgelüsten König Duncan und Banquo ermordet bzw. ermorden lässt und dann heftig von Schuldgefühlen geplagt wird. Entscheidend ist, dass durch die präzise und knappe Darstellung von geeigneten Textstellen die vorgegebene Aussage überzeugend begründet wird.

Aufgabe 4
Voraussetzung für dieses Thema ist, dass man verstanden hat, was ein ASBO ist, damit das Pläydoyer, das zu schreiben ist, auch inhaltlich richtig und damit überzeugend gestaltet werden kann. Je „alberner" der Verstoß gegen die Verordnung ist, desto überzeugender werden die Gründe für ein mildes Urteil vonseiten des Gerichts ausfallen, und der Abiturtext bietet einige Vorlagen dafür (vgl. z. B. den Fall, dass ein Mann eingesperrt wurde, weil er wie ein Werwolf geheult hat – ein Tatbestand, der dem Gesetz nach nicht verboten ist).

Musterübersetzung

Tony Blair redet unaufhörlich über Respekt – und doch trägt kaum jemand größere Verantwortung dafür, dass der Respekt der Obrigkeit gegenüber der Bevölkerung schwindet. Nirgends kommt dies deutlicher zum Vorschein als im Verhalten der Polizei, die immer mehr Druck ausübt und nach dem Grundsatz vorgeht, dass jeder ein Halunke ist, der nicht das Gegenteil beweisen kann. Wir leben mittlerweile in einem Land, in dem jeder für das kleinste Vergehen verhaftet und unfreiwillig in der Gendatenbank der Regierung erfasst werden kann.
Wir leben in einem Land, in dem Jungen von der Polizei ermahnt werden, weil sie versuchen, Kastanien von Bäumen auf öffentlichem Grund zu schlagen; einem Land, in dem eine Großmutter verhaftet wurde und eine DNA-Probe abgeben musste, weil ihr Nachbar sie beschuldigt hatte, einen Ball, der in ihrem Garten gelandet war, nicht zurückgegeben zu haben.
All dies scheint von einer merkwürdigen Geringschätzung der Bürger Großbritanniens zu zeugen. Ein Großteil des politischen Establishments hat heute ein zutiefst pessimistisches – und meiner Ansicht nach falsches – Bild von Großbritannien. Es stimmt, dass wir Probleme mit hausgemachtem Terrorismus haben, mit einer wachsenden Unterschicht und mit Minderheiten, die sich nicht in die Gesellschaft integrieren; aber das ist nicht alles, was es über uns zu sagen gibt. Großbritannien ist auch eine Erfolgsgeschichte, und man sollte erwarten, dass einmal einer unserer führenden Politiker auf den Gedanken käme, den Menschen dieses Landes Anerkennung für ihre Anpassungsfähigkeit und ihre tief verankerten Werte auszusprechen.

Stichwortverzeichnis

A

Adjektiv ... 31, 67, 69
Adverb ... 31
Arbeitsauftrag ... 33
Aufgabenstellung ... 33
Aufsatzthemen ... 57
- Cartoon- bzw. Bildbeschreibung ... 57
- Diskussion ... 57
- kreative Themen ... 57, 59
- offene Themen ... 57
Ausdruckniveau ... 5

B

Bildbeschreibung ... 58, 81
Brainstorming ... 57
Brief ... 59

C

cartoon ... 58, 73
Charakterisierung ... 42
Chronologie des Textes ... 33, 92
chunks ... 9
Comment ... 5
composition ... 5, 14
countable noun ... 69
couplet ... 35
creative writing ... 59

D

Mary Dilworth ... 43
Discuss ... 81
Drama ... 35

E

Erwartungshorizont ... 6
Erzählperspektive ... 44
examine ... 33

F

Fachsprache ... 67
Jonathan Safran Foer ... 71
Formulierungsproblem ... 7
future ... 23

G

Gliederung ... 57

H

Nick Hornby ... 46

I

Idiomatisch ... 7
Indirekte Rede ... 27
Internetrecherche ... 7

K

Klausuren ... 6
Kollokation ... 12
Kompositum ... 69
Konditionalsatz ... 24
Kontext ... 33, 67

L

Jumpa Lahiri ... 88
Leitartikel ... 81
Lektüre ... 33
- extensiv ... 33
- kursorisch ... 33
Lernerwörterbuch ... 12
John Le Carré ... 49

M

Patrick Marber ... 40, 88
Metapher ... 67
Modale Hilfsverben ... 29

N

narrative perspective ... 44

O

Oktett ... 35
George Orwell ... 93

P

Passivkonstruktion ... 28
past perfect progressive ... 18
past perfect simple ... 18
past progressive ... 16
present perfect ... 14
present perfect progressive ... 17
present perfect simple ... 17
present progressive ... 14
Pro und kontra ... 76, 92, 98
progressive-form ... 62
Protagonist ... 42

Q

quatrains ... 35

R

Rechtschreibung ... 62
Register ... 13
Reimpaar ... 35
Reimschema ... 35
Relativsatz ... 25, 68, 69

S

Satzbau ... 62
Sextett ... 35
William Shakespeare ... 34, 36
William Shakespeare ... 88
simple-form ... 62
simple past ... 16, 17, 18
simple present ... 14
Sonett ... 35
- *English sonnet* ... 35
- *Petrarchan sonnet* ... 35
Spracherwerb ... 7
Sprachniveau ... 88
Stilebene ... 62
Strophengliederung ... 35
Substantiv ... 67, 68
Substantive ohne Pluralform ... 32
Subtext ... 35
summarize ... 33
summary ... 14

T

Tagebucheintrag ... 59
Textaufgabe ... 33
Textproduktion ... 6
tone ... 44
topic sentence ... 11
Lisa Tuttle ... 82

U

Übersetzung ... 6, 62
Umgangssprache ... 81
uncountable noun ... 66, 67, 69

W

Tenessee Williams ... 38
Michael Wines ... 77
Wörterbuchübersetzung ... 67
Wortschatz ... 5, 12
Wortschatzarbeit ... 7, 8
Wortschatzbereich ... 76

Z

Zeichensetzung ... 62
Zeichensetzungsregel ... 68
Zeiteinteilung ... 6
Zeitungsartikel ... 59

Was Sie auf der CD-ROM finden

Die beiliegende CD-ROM bietet Ihnen weitere Text- und Abituraufgaben – und zwar sowohl zu literarischen Texten als auch zu Sachtexten.
Zudem finden Sie eine Erweiterung des ersten Kapitels „Idiomatisches Englisch und Wortschatzarbeit". Sie werden so in Ihrer Fähigkeit optimal unterstützt, Texte effektiv als Vorbereitung zur eigenen Textproduktion zu verwerten.
Als kleines, pragmatisches Hilfsmittel können Sie die Stilmittelübersicht nutzen, die auch als „Memory-Spiel" verwendet werden kann.

CD-ROM-Inhaltsverzeichnis

ZU: 1_IDIOMATISCHES ENGLISCH UND WORTSCHATZARBEIT .... idiomatisch.pdf
Weitere Textverwertung
Wortschatz und Lernerwörterbücher
Internet
Idioms
Texte und ihre Charakteristika

WEITERE TEXTAUFGABEN .... textaufgaben.pdf
Literarische Texte:
Ernest Hemingway, A Day's Wait
Jhumpa Lahiri, The Namesake
Sachtexte:
Themenbereich *Immigration*
Themenbereich *Ecological issues*

WEITERE ABITURAUFGABEN .... abituraufgaben.pdf
Literarischer Text:
Barry Unsworth, Sacred Hunger
Sachtext:
Religious right fights science for the heart of America

STILMITTELÜBERSICHT UND STILMITTEL-MEMORY .... stilmittel.pdf